CW01336125

O peso da *glória*

Tradução:

Estevan F. Kirschner

O peso da *glória*

C.S. LEWIS

Edição *especial* |  THOMAS NELSON
BRASIL®

Título original: *The Weight of Glory: And Other Addresses*

Copyright © The Weight of Glory by CS Lewis © C. S. Lewis Pte Ltd. 1949
Edição original por HarperCollins *Publishers*. Todos os direitos reservados.
Copyright de tradução © Vida Melhor Editora S.A., 2017.

Todos os direitos desta publicação são reservados por Vida Melhor Editora, S.A.
As citações bíblicas são da *Nova Versão Internacional* (NVI), da Bíblica, Inc., a menos
que seja especificada outra versão da Bíblia Sagrada.

Os pontos de vista desta obra são de responsabilidade de seus autores, não refletindo
necessariamente a posição da Thomas Nelson Brasil, da HarperCollins Christian
Publishing ou de sua equipe editorial.

Publisher	*Omar de Souza*
Gerente editorial	*Samuel Coto*
Editor	*André Lodos Tangerino*
Assistente editorial	*Bruna Gomes*
Copidesque	*Mauro Nogueira*
Revisão	*Davi Freitas* e *F. Gustav Schmid*
Projeto gráfico e diagramação	*Sonia Peticov*
Capa	*Rafael Brum*

**CIP—BRASIL. CATALOGAÇÃO NA FONTE
SINDICATO NACIONAL DOS EDITORES DE LIVROS, RJ**

L652p
Lewis, C. S.
    O peso da glória / C. S. Lewis; traduzido por Estevan Kirschner. 1ª ed. — Rio
de Janeiro: Thomas Nelson Brasil, 2017.
    192 p. : il. ; 21 cm
    Tradução de: *The Weight of Glory*
    ISBN 978-85-7860-0655

    1. Teologia 2. Vida cristã — Sermões 3. Fé I. Kirschner, Estevan II. Título.

17-44454
    CDD: 252.03
    CDU: 27-475.5

Thomas Nelson Brasil é uma marca licenciada à Vida Melhor Editora, S. A.

Todos os direitos reservados à Vida Melhor Editora S.A.
Rua da Quitanda, 86, sala 218 — Centro
Rio de Janeiro — RJ — CEP 20091-005
Tel.: (21) 3175-1030
www.thomasnelson.com.br

O peso da *glória*

Clive Staples Lewis (1898-1963) foi um dos gigantes intelectuais do século XX e provavelmente o escritor mais influente de seu tempo. Era professor e tutor de Literatura Inglesa na Universidade de Oxford até 1954, quando foi unanimemente eleito para a cadeira de Inglês Medieval e Renascentista na Universidade de Cambridge, posição que manteve até a aposentadoria. Lewis escreveu mais de 30 livros que lhe permitiram alcançar um vasto público, e suas obras continuam a atrair milhares de novos leitores a cada ano.

SUMÁRIO

Na bela conclusão de seu sermão "O peso da glória", em sequência ao comentário sobre a imortalidade da alma humana, C. S. Lewis disse: "Isso não significa que devamos ter uma atitude solene o tempo todo. Devemos participar do jogo. Mas a nossa alegria deveria ser do tipo (e, de fato, é a mais alegre possível) que existe entre as pessoas que, desde o início, levam-se mutuamente a sério".

Acredito que esse e outros encorajamentos semelhantes de Lewis contribuem, de modo significativo, para o tema a respeito do que vem a ser o comportamento cristão. Tendo feito, da melhor maneira possível, tudo que Deus exige, não deveríamos ao menos desfrutar o bem que ele nos concede? Desejar ser "perpetuamente solenes", quando não há razão para isso, parece-me não apenas uma rejeição daquela felicidade que poderíamos ter no mundo, mas também colocar em perigo nossa capacidade de usufruir dela, quando toda e qualquer razão possível para a infelicidade terá sido finalmente removida.

A partir de seus primeiros escritos, sabemos que Lewis nasceu com um senso de humor que foi consideravelmente desfigurado por uma mistura de ateísmo e ambição. Talvez uma ambição grave e feroz pelo que quer que seja jamais poderá coexistir em harmonia com a euforia que ele descreve. Certamente, Lewis não poderia ter escrito grandes obras antes de sua conversão ao cristianismo em 1931, depois da qual deixou de ter interesse excessivo em si mesmo. Se aqueles de disposição lúgubre objetarem que a religião cristã *é* por demais séria e solene, então minha resposta será: "Sim, é claro, e não é considerada de maneira séria o bastante". Mas, nesse momento, Lewis vem em nosso resgate pela demonstração, no livro *Os quatro amores*, de como as coisas podem ser facilmente mudadas pelo emprego do *tipo* errado de seriedade.

Ao editar esses ensaios, fui levado a refletir sobre aquela noção sempre misteriosa, mas instintiva, com a qual parecemos ter nascido, que nos diz quão alegres, quão sérios etc, nós sabemos que podemos ser com outra pessoa. Meu relacionamento com Lewis pode ser semelhante ao de outros, mas não poderá ser exatamente igual. Como a edição original deste livro está sendo editada prioritariamente para o público americano, devo explicar que, depois de me corresponder com Lewis por alguns anos, ele me convidou para ir dos Estados Unidos, minha terra natal, à Inglaterra na primavera de 1963, para o que eu imaginava que seria um encontro para conversar acompanhado de um chá. Não acredito em sorte, mas creio em anjos, e o esperado encontro para o chá se transformou em (se um nome for necessário) "As observações de uma chegada tardia" ou "Um verão completo com C.S.L.". De qualquer modo, como as fontes de nossas evidências sobre ele minguam com os anos, espero que as minhas sejam de algum interesse para aqueles que se sentem como eu em relação àquela alegria "do tipo mais alegre", da qual parece não haver abundância hoje em dia.

A adaptação às "conveniências sanitárias" inglesas levou algum tempo para alguém como eu, um americano. Por exemplo, vejo em meu diário de 7 de junho de 1963 que, durante uma longa visita a Lewis, bebemos muito chá juntos. Depois de algum tempo, perguntei onde ficava o "banheiro", esquecendo-me de que na maioria das casas o banheiro e o sanitário são recintos separados. Com certo ar de gozação, Lewis me mostrou onde ficava o banheiro, entregou-me algumas toalhas e fechou a porta, deixando-me no interior do recinto. Voltei à sala de estar para dizer que não queria um *banho*... "Bem, senhor, 'escolha hoje'", disse Lewis, com uma gargalhada ao citar o profeta Josué. "*Isso* irá afastá-lo daqueles tolos eufemismos americanos. *Aonde* mesmo você queria ir?"

A partir de outras entradas que fiz em meu diário, noto que Lewis — ou "Jack", como ele preferia ser chamado pelos amigos — e eu nos encontrávamos pelo menos de três a quatro vezes por semana, às vezes em sua casa, outras vezes num *pub* com um grupo de amigos chamado "The Inklings".[1] Sabia que ele estava doente, de fato, que se encontrava nessa condição desde 1961, quando os

---

[1]"The Inklings" era um grupo informal de discussão literária associado à Universidade de Oxford, na Inglaterra, durante os anos de 1930 a 1949. [N. T.]

problemas com sua saúde começaram, mas ele parecia não se importar muito com isso, uma vez que tinha uma aparência robusta e que, na companhia desse homem genial de um metro e oitenta e de rosto rosado, era fácil esquecer deles. Daí, minha surpresa ao encontrá-lo sem condições de participar do culto comigo em 14 de julho daquele ano. Ele insistiu que eu ficasse em casa com ele, e esse foi um dia memorável para mim em mais do que um sentido. Foi nesse dia que ele me pediu que aceitasse imediatamente a posição de assistente literário e secretário pessoal e, mais tarde, depois de eu renunciar ao meu cargo de docente na Universidade de Kentucky, que retornasse a Oxford para assumir essas responsabilidades.

Na manhã seguinte, Lewis foi para um exame de rotina no hospital Acland Nursing Home e, para surpresa de todos, entrou num estado de coma que durou cerca de vinte e quatro horas, do qual os médicos não acreditavam que ele sairia. Nossos amigos comuns, o reverendo Dr. Austin Farrer e sua esposa, deveriam estar em férias no País de Gales do dia 16 a 31 de julho, mas, a pedido de Lewis, permaneceram em Oxford até o dia 17, para que Austin Farrer pudesse ouvir a confissão de Lewis e ministrar-lhe a eucaristia. Lewis desejava que eu recebesse a eucaristia com ele, contudo, como eu não estava doente, isso não foi permitido. "Nesse caso", disse ele, "você precisa estar presente para ajoelhar-se em meu lugar". Com tantas coisas a fazer por ele naqueles dias, não me foi possível manter anotações regulares em meu diário. No entanto, percebo pela leitura de uma carta que escrevi para os Farrers, quando estava na casa de Lewis, em 30 de julho — que é, agora, parte dos "Farrer Papers" na Biblioteca Bodleian, em Oxford —, que já tinha me mudado para a residência dos Lewis naquela ocasião.

Em vez de contar a Lewis que ele esteve perto da morte, os médicos parecem ter deixado essa tarefa para mim. Quando julguei apropriado, falei a ele sobre o coma e os poucos dias em que sua mente esteve desorientada. Depois disso, Lewis permaneceu acreditando que a extrema unção, ministrada durante o coma, e sua recepção da eucaristia salvaram sua vida.

Mesmo antes de ir para a casa de repouso, espantava-me que Lewis tenha vivido tanto tempo sem acidentalmente atear fogo em si mesmo. Exceto quando se vestia para uma ocasião especial, ele sempre usava um velho blazer de lã grossa cujo bolso direito tinha sido remendado inúmeras vezes. Isso acontecia sempre que Lewis se cansava do cachimbo e o colocava aceso no bolso, resultando em buracos queimados pelo cachimbo. Isso aconteceu tantas vezes que nada do tecido original havia restado naquele bolso.

Depois de encontrar Lewis cochilando com um cigarro na mão, as enfermeiras de Acland não mais permitiam que Lewis tivesso acesso a fósforos, a não ser quando estivesse em minha companhia. O que deixava Lewis intrigado era que logo depois de eu dar a ele uma caixa, uma enfermeira entrava no quarto e lhe tirava os fósforos. "Como é que elas sabem?", perguntou ele uma manhã. "Dê-me uma caixa que eu possa esconder debaixo dos lençóis". Tive de confessar a ele que, embora fosse o fornecedor, eu era também o informante. "Informante!", esbravejou Lewis. "Tenho o que nenhum amigo teve antes. Tenho um traidor particular, meu próprio e pessoal Benedict Arnold.[2] Arrependa-se antes que seja tarde!"

Eu gostava muito de todas essas brincadeiras e pegadinhas e acredito que tenha aprontado algumas com ele tantas vezes quanto ele aprontou comigo, mas havia o lado mais gentil, que também o caracterizava. Houve um incidente em Acland que os leitores das histórias de Nárnia acharão tão afável quanto eu. Ocorreu em um daqueles dias quando a mente de Lewis estava confusa e observei que ele não estava sendo capaz de reconhecer quem vinha visitá-lo — nem mesmo o professor Tolkien. A última visita do dia tinha sido a irmã adotiva de Lewis. Poucos meses antes, e de forma completamente inesperada, sua irmã Maureen Moore Blake tinha se tornado Dama Dunbar de Hempriggs, com um castelo e uma vasta propriedade na Escócia. Ela havia sido a primeira mulher em três séculos a alcançar o título de baronesa. Como não haviam se encontrado depois disso, e na esperança de livrá-la de uma decepção, disse-lhe que Lewis não tinha conseguido reconhecer nenhum de seus velhos amigos. Assim que ela pegou sua mão, Lewis abriu os olhos. "Jack", sussurrou ela, "é Maureen". "Não", respondeu ele sorridente, "é a Dama Dunbar de Hempriggs". "Ó, Jack, como você

---

[2]Benedict Arnold foi um general que inicialmente lutou pelas 13 colônias americanas, mas desertou para o exército britânico durante a Guerra de Independência dos Estados Unidos. [N. T.]

pôde lembrar isso?", perguntou ela. "Pelo contrário", disse Lewis. "Como *eu* poderia esquecer um conto de fadas?"

Certo dia, quando estava claramente bem melhor, mas não completamente fora de perigo, ele me perguntou por que eu parecia tão triste.

A razão de ser de minha tristeza era que havia um velho e agressivo ateu vivendo em nossa vizinhança, com cerca de noventa e sete anos, e que saía para uma caminhada vigorosa todos os dias. Todas as vezes que nos encontrávamos, ele me perguntava se Lewis "ainda estava vivo". Ao ouvir minha resposta de que estava bem doente, ele invariavelmente dizia: "Nada de errado *comigo*! Ainda tenho bastante tempo de vida!"

Eu disse a Lewis que estava tentado — fortemente tentado — a dizer a nosso Senhor que achava tremendamente injusto que ele deixasse o velho e perverso ateu vivendo, aparentemente, para sempre, enquanto Lewis, que tinha somente sessenta e quatro anos, chegasse tão perto da morte. "De fato", reiterei, ao observar o semblante de Lewis se fechando: "eu na verdade não *disse* isso em minhas orações, contudo cheguei bem perto de fazê-lo".

"E como você acha que nosso Senhor responderia a isso?", disse Lewis com um olhar desconcertante.

"O quê?"

"Que tens *tu* com isso?"

Qualquer um que tenha lido o Evangelho de João 21.22 — a repreensão de nosso Senhor a Pedro — reconhecerá a aplicação que Lewis faz dessa passagem nesse episódio. Então, de modo muito tenro, Lewis me confortou naquilo que eu imaginava ser a dor dele, mas que ele sabia ser a minha dor.

Passado o pior, houve um retorno ao otimismo e ao senso de humor, os quais eram, em minha opinião, os atributos mais atraentes em Lewis. No entanto, para dar a ideia exata da completude desse homem marcante, teria de ser alguém com o talento de um Boswell para mostrar como o humor se integrava naturalmente com o lado mais sério e era de fato uma das *causas* de sua grandeza de coração, de seu imenso intelecto e da caridade mais aberta que eu encontrei num ser humano. Muitos de nós chegamos à conclusão de que Lewis era um homem de instintos comuns combinados com habilidades incomuns. Talvez seja importante ressaltar aqui que eu sabia — simplesmente *sabia* — que, não importava quanto tempo eu vivesse ou quem mais eu conhecesse, nunca mais estaria na presença de outro ser humano tão supremamente bom. De todas as minhas memórias, esta é a mais indelével e permanente.

Trouxe Lewis para casa em 6 de agosto, juntamente com um enfermeiro escocês chamado Alec Ross, cuja responsabilidade era ficar de vigília a fim de atender Lewis no que fosse necessário. Por quase dois meses, fiquei com Lewis em tempo integral e me sentia mais confortável com ele naquela ocasião em que estávamos na mesma casa. Ele nunca havia reclamado das condições de Acland — com exceção, é claro, do meu comportamento "traiçoeiro" com os fósforos que sumiam. Ele certamente voltou ao aconchego de seu ambiente familiar com muito prazer. Ao perceber que ele gostava de ser deixado a sós depois do almoço, perguntei se ele alguma vez tirava uma soneca. "Não, não!", respondeu. "Mas, veja bem, às vezes a soneca vem tirar *a mim*."

Durante sua permanência em Acland, Lewis continuou com seu hábito de ditar cartas. Mas, apesar de poder fazer mais disso em casa, deu maior atenção aos problemas que, desde 1961, ele sabia que poderiam piorar caso morresse subitamente: o infeliz problema de seu irmão com a bebida, e o futuro de seus dois enteados que, além de perderem a mãe, em 1960, experimentaram outras tristezas. Contudo, menciono essas coisas porque foi nesse momento que observei algo que jamais tinha visto em nenhuma outra pessoa (exceto, como eu viria a perceber mais tarde em seu velho amigo Owen Barfield). Lewis tinha o seu fardo — alguns diriam que era até demasiado — de preocupações, mas, após fazer tudo que estava ao seu alcance para resolvê-los, ele deixava o assunto com Deus e prosseguia com seu trabalho e prazeres. Aqueles que se põem a ler, por exemplo, os adendos a seu sermão "Transposição" (sobre isso, ver mais adiante no livro), talvez entenderão aquilo que soa como doce banalidade, mas não é — que Lewis realmente *gostava da* felicidade que o Filho Divino morreu para conceder a todas as pessoas e a desejava. Isso eu observei naquela época, uns dez anos antes de ver na Biblioteca Bodleian a questão toda colocada de forma tão resumida numa carta a seu irmão, de 28 de janeiro de 1940, na qual ele diz: "Comecei a suspeitar que o mundo está dividido não apenas entre os felizes e os infelizes, mas entre aqueles que *gostam* da felicidade e aqueles que, por mais estranho que pareça, realmente não gostam dela". Sem querer ofender, suspeito que aqueles que sustentam a ideia da "consciência social", ou qualquer que seja o jargão atual, não compreenderão isso. Entretanto, as coisas eram assim.

Nosso enfermeiro não conseguia decifrar Lewis. Alec não era um erudito, mas tinha a felicidade de ser um dos poucos enfermeiros homens naquela época. Por essa razão, ele tinha o privilégio de escolher seus pacientes, quase sempre observando se eram extremamente ricos, famosos em virtude de alguma coisa, e (ele desejava) que tivessem um Rolls Royce. Era um bom enfermeiro, mas tinha a boca suja. Na sua primeira inspeção à cozinha, sentenciou que a casa era um "chiqueiro de porcos" e, imediatamente, colocou os empregados para varrer, passar pano no chão e desinfetar o lugar o mais rápido possível.

No entanto, para ele ainda restava a contradição mistificadora de uma casa longe de ser atraente, administrada por "alguém". Certo dia, enquanto tomávamos nosso chá, Alec perguntou se — ele não conseguia lembrar a expressão *Quem é quem* — o "grande homem estava naquele livro grande...". Lewis estava entrando pela porta e, ao ouvir isso, disse: "Sim, sim, Alec. Estou naquilo que vocês na Escócia chamariam de *Quem é quem*". Isso foi o suficiente. Dali em diante, Alec dedicou-se a Lewis por seu humor e abnegação e já não mais fazia diferença alguma se Lewis era famoso por algo que Alec achasse importante.

Em agosto, Lewis ditou uma carta anunciando seu desligamento de Cambridge. Então, no final do mês, deixei

Alec cuidando de Lewis e fui com o enteado deste, Douglas Gresham, a Cambridge para finalizar as questões pendentes e trazer para casa muitos dos seus, aproximadamente, dois mil livros de suas salas de trabalho no Magdalene College. Feito isso, alugamos um caminhão para transportar os livros e voltarmos a Oxford. Ao longo de todo o caminho, eu pensava em como acomodaria os livros numa casa já abarrotada deles, mas Lewis já havia feito seus planos.

Alec ocupava o espaço que era chamado de "sala de música" — uma grande sala vazia no andar térreo da casa, exceto por uma cama num dos seus cantos. Depois de passar a noite acordado, Alec foi dormir assim que chegamos. Enquanto o caminhão entrava, Lewis nos pediu para não fazer barulho. "Onde colocaremos os livros?", sussurrei. Lewis respondeu com uma piscadela. Com muito cuidado para não acordar Alec, passamos mais ou menos uma hora carregando os livros até a "sala de música", onde os empilhamos ao redor da cama do enfermeiro. Ele ainda roncava quando os últimos foram depositados na grande muralha de livros, que quase chegava ao teto e preenchia praticamente todo o espaço da sala.

Perto da hora em que o enfermeiro normalmente acordava, Lewis e eu esperávamos do lado de fora para ver sua reação. Então aconteceu. Alec acordou, viu que estava cercado por livros de todos os lados e gritou a plenos pulmões. De repente, parte da grande muralha de livros tombou e um corpo saiu cambaleando de dentro dela. Mais tarde, na hora dos drinques, Alec declarou que esta tinha sido a melhor pegadinha que já tinha visto.

Se eu falei aqui menos do que se esperava a respeito da posição especificamente "religiosa" de Lewis, deve-se ao fato de que eu presumo que sua posição nesse assunto já seja bem conhecida. Na verdade, tenho procurado indicar, a partir de recordações pessoais, aquilo que o Dr. Johnson poderia ter dito ao pensar em C. S. Lewis quando afirmou que "a estatura do entendimento de um homem poderá ser sempre corretamente medida por seu bom humor". Se eu falhei nisso, então os esplêndidos capítulos que compõem esta coleção poderão, como dizem, "compensar por tudo".

Lewis era um homem realmente modesto. Se seus livros surgiam naturalmente em nossas conversas, ele falava deles com o mesmo desprendimento que teria ao discutir as obras de um estranho, mas ele não tinha nenhum interesse, do meu ponto de vista, em seu status literário no mundo. Numa noite, a questão surgiu com muita naturalidade.

Falávamos sobre um de nossos livros favoritos, *Le Morte d'Arthur* [A morte de Artur], de Malory, e mencionei o quanto me sentia por vezes decepcionado quando, por exemplo, Sir Lancelot saía para livrar uma dama de algum perigo ou outro. Então, exatamente quando é impossível admirá-lo o bastante por seu altruísmo, ele explica a alguém, como se fosse a coisa mais natural do mundo, que ele fazia aquilo a fim de "receber adoração" — isto é, para aumentar sua reputação. Reconhecemos esse tipo de coisa como uma herança do paganismo. Sem qualquer intuito de embaraçá-lo, perguntei a Lewis se ele alguma vez se deu conta do fato que, independentemente de suas intenções, estava "recebendo adoração" por seus livros. Ele disse numa voz grave e suave, e com a mais profunda e completa humildade que jamais observei em uma pessoa: "Não se pode ser cauteloso o suficiente para *não* se pensar sobre isso". A casa, o jardim, o universo todo pareceu estar paralisado por um momento, e então começamos a conversar de novo.

À medida que aqueles meses comoventes e felizes chegavam ao fim, e se aproximava a hora de eu retornar aos Estados Unidos, Lewis e eu começamos a planejar sua aposentadoria; os livros que ele escreveria, as tarefas das quais eu o aliviaria, nossos estudos juntos das antigas fontes francesas que subjazem o livro de Malory, *Morte*. Mesmo agora, anos mais tarde, aquelas perspectivas otimistas têm o poder de provocar em mim esperanças tais quais as da personagem Jill, do livro *The Last Battle* [A última batalha], de Lewis, quando "o retrato de todos aqueles anos felizes (...) se empilhavam (...) até parecer que se olhava do alto de uma montanha para uma planície rica e adorável, cheia de florestas, água e campos de milho, que se espalhavam cada vez mais longe até se tornarem estreitos e nebulosos na distância". Mas Lewis morreu subitamente em 22 de novembro de 1963.

Às vezes, quando me perguntam, faço questão de deixar claro que convivi com ele por "apenas" três meses. Creio, porém, que com a palavra "apenas", presto um desserviço tanto à memória dele quanto à sua bondade. Não é comum sentirmos um vínculo duradouro com alguém que conhecemos há apenas alguns minutos e mesmo assim fracassarmos — pois essa é a natureza das coisas — em adquirir alguma intimidade com aqueles com os quais passamos por volta de meia hora ao longo dos anos? Cada um tem uma opinião a respeito disso. Tenho vergonha de admitir, mas cheguei a pensar, em razão de os planos que Lewis e eu traçamos juntos não terem se materializado nos anos seguintes, que em certa medida fui enganado. Recentemente, a avó de um de meus amigos estava morrendo, e fui com ele pelo condado de Derbyshire, no meio daquelas charmosas montanhas, onde as pessoas vivem mais livres de estereótipos e exageros do que em outras partes. Era só o início da primavera, e meu amigo não conseguiu encontrar nada para sua avó a não ser uns poucos brotos de flores de salgueiros. Quando, minutos antes de ela falecer, aquelas flores lhe foram dadas, ela as comprimiu ao rosto e sussurrou: "São lindas, querido, e são o suficiente".

Mas, para os editores de Lewis, parecia nunca haver o suficiente de seus livros. Entretanto, por mais que gostasse de escrever, nunca havia para Lewis, como é o caso de muitos outros, "zelo sem base no conhecimento". Ele precisava ter algo a dizer antes de começar a escrever. Ainda assim, embora mantivesse os prazos colocados por ele mesmo em relação a seus livros, foi pressionado pela iniciativa de seus editores ingleses e americanos que ele preparou seleções de suas obras menores. Não foi o caso de Lewis não ter empregado todo seu esforço nas preleções que estão neste livro, mas ele precisava de algum estímulo antes de essas seleções serem feitas.

Este volume, que originalmente consistia das preleções de número 1, 2, 4, 6 e 7, foi publicado em 1949 por Geoffrey Bles, de Londres, com o título *Transposition and*

Other Addresses [Transposição e outras preleções], e mais tarde no mesmo ano por Macmillan, de Nova York, como *The Weight of Glory and Other Addresses* [O peso da glória e outras preleções]. Desde aquela época, os volumes de ensaios dos dois lados do Atlântico têm tido certa variação, e este livro é uma tentativa de colocar as coisas em ordem. O que me estimulou a agir foi uma viagem que fiz pelos Estados Unidos, em 1979, com o filme *Through Joy and Beyond: The Life of C. S. Lewis*.[3] Após a apresentação do filme, eu encerrava a noite lendo publicamente uma porção do ensaio de Lewis "Transposição". O que eu tinha esquecido, e muitas pessoas amáveis me lembraram, era que o que eu considerava uma das mais arrebatadoras peças de prosa que Lewis já escreveu foi adicionada depois e, portanto, não constava da versão americana. Embora isso, por si só, seria o bastante para justificar a recomposição do texto do livro, ocorreu-me que também oferecia uma ocasião ideal para ampliar o volume com três preleções nunca antes publicadas nos Estados Unidos, e uma jamais publicada antes em lugar algum.

As preleções estão organizadas de forma cronológica, exceto (1) "O peso da glória", obra tão magnífica que não somente ouso considerar digna de um lugar juntamente com alguns dos Pais da Igreja, mas temo que seria enforcado pelos admiradores de Lewis se não tivesse reservado a ela o lugar de primazia. A convite de Canon T. R. Milford,

---

[3]"Pela alegria [em inglês "joy": o nome da esposa de Lewis que morreu em 1960] e além: A vida de C. S. Lewis". [N. T.]

a preleção foi apresentada no solene culto vespertino na Igreja de St. Mary the Virgin, do século doze, na Universidade de Oxford, em 8 de junho de 1941, para uma das maiores congregações que se reuniu ali em tempos modernos. Canon Milford, que era o pároco da Igreja de St. Mary, disse-me que o convite surgiu de sua leitura do livro de Lewis *O regresso do peregrino*. O sermão foi primeiramente publicado na revista *Theology*, vol. 43 (novembro de 1941), e depois como um panfleto pela S.P.C.K. em 1942.

(2) "Aprendizado em tempos de guerra" também foi apresentado, a partir de um convite de Canon Milford, no culto vespertino em St. Mary the Virgin em 22 de outubro de 1939. Isso também se deve à apreciação de *O regresso do peregrino* por Canon e, como ele me relatou, com a grande inquietação que a Segunda Guerra Mundial causou nos estudantes de Oxford, Lewis — um ex-soldado e professor no Magdalene College — era visto como a pessoa ideal para colocar as coisas na perspectiva certa. O sermão também trouxe uma grande multidão à Igreja de St. Mary, e Canon Milford providenciou uma cópia mimeografada do sermão para cada pessoa que veio para o culto, com o título *"None Other Gods": Culture in War-Time* ["Nenhum outro Deus": Cultura em tempo de guerra]. Lewis usou como texto-base para o sermão Deuteronômio 26.5 — "A Syrian ready to perish was my father" [Meu pai era um arameu errante]. Foi publicado no mesmo ano, na forma de panfleto, com o título *The Christian in Danger* [O cristão em perigo], pelo Student Christian Movement [Movimento cristão estudantil].

(3) Durante a preparação deste livro, recebi uma cópia de "Por que não sou um pacifista", enviada por meu amigo George Sayer, um aluno de Lewis no Magdalene College, na época da guerra, e um amigo achegado desde então. A palestra foi apresentada numa sociedade pacifista em Oxford em 1940, e Lewis fez uma cópia para o Sr. Sayer, algo absolutamente ocasional, uma vez que o original se perdeu. Sabemos que Lewis nunca fez qualquer tentativa de publicá-la e aparece aqui pela primeira vez na forma impressa.

(4) "Transposição" foi apresentada na capela do Mansfield College, Oxford — uma instituição congregacional — a convite de seu diretor, Nathaniel Micklem (1888-1976), no Dia de Pentecoste, 28 de maio de 1944. O evento foi noticiado pelo *The Daily Telegraph* de 2 de junho de 1944 sob o título "Modern Oxford's Newman" [O Newman moderno de Oxford], ressaltando que "no meio do sermão o Sr. Lewis, muito emocionado, parou e disse: 'Desculpem', e saiu do púlpito. Dr. Micklem, o diretor, e o capelão foram ajudá-lo. Depois que um hino foi entoado, o Sr. Lewis retornou e terminou seu sermão (...) num tom bastante comovente".

Lewis provavelmente alcançou tanto êxito quanto qualquer outro escritor moderno, tanto na ficção quanto em seus sermões, em tornar o Céu crível. Minha impressão é que em algum momento, mas não necessariamente em 1944, ele pode ter percebido que sua preleção "Transposição" não tenha sido tão bem-sucedida. Apesar de estar bem doente na primavera de 1961, quando seu editor na Geoffrey Bles, Jock Gibb, pressionava-o a editar um volume com seus ensaios, algo maravilhoso ocorreu. Com uma simplicidade que, talvez, seja mais bem descrita como o Céu vindo em seu próprio socorro, Lewis teve a visão das glórias envolvidas quando o que é corruptível se reveste do que é incorruptível; e, então, veio de sua caneta uma porção adicional de texto em que eleva aquele sermão a uma eminência peculiar. Essa nova porção se inicia na página 106, com o parágrafo: "Acredito que essa doutrina da transposição fornece (...)", e conclui na página 111, com o parágrafo que termina assim: "São muito frágeis, muito transitórios, muito fantasmagóricos". Essa versão ampliada do sermão apareceu pela primeira vez no livro de Lewis *They Asked for a Paper* [Eles pediram um artigo] (Londres, 1962).

(5) O ensaio "Teologia é poesia?" foi lido no Clube Socrático da Universidade de Oxford, em 6 de novembro de 1944, e foi publicado inicialmente na revista *The Socratic Digest*, vol. 3 (1945). (6) A preleção "O círculo íntimo" foi o "Discurso Comemorativo" anual apresentada no King's College da Universidade de Londres no dia 14 de dezembro de 1944. (7) "Membresia" foi apresentada à Sociedade de St. Alban e St. Sergius, em Oxford, em 10 de fevereiro de 1945. O convite foi da Srta. Anne Spalding, uma velha amiga de Charles Williams, pois foi no lar dos pais da Srta. Spalding que Williams viveu quando mudou para Oxford, no começo da Segunda Guerra Mundial. O ensaio foi primeiramente publicado na revista *Sobornost*, no. 31 (junho de 1945).

(8) "Sobre o perdão" foi escrito a pedido do reverendo Patrick Kevin Irwin (1907-1965) e enviado a ele em 28

de agosto de 1947, para inclusão na revista da paróquia do reverendo Irwin, da Igreja de St. Mary, em Sawston, Cambridgeshire. No entanto, o reverendo Irwin foi transferido para a Igreja de St. Augustine, em Wisbech, antes de poder publicá-lo. A primeira vez que ouvi sobre o ensaio foi em 1975, quando membros da família do reverendo Irwin depositaram o manuscrito na Biblioteca Bodleian. Foi inicialmente publicado no livro de Lewis *Fern-seed and Elephants and Other Essays on Christianity* [Sementes de samambaia e elefantes, e outros ensaios sobre o cristianismo] (Londres: Fount/Collins, 1975).

(9) "Ato falho" foi o último sermão que Lewis pregou. Ele pregou esse sermão atendendo ao convite do reverendo C. A. Pierce, capelão do Magdalene College, Cambridge, na capela da faculdade no culto vespertino em 29 de janeiro de 1956. Diferentemente de seu homônimo de Oxford, o Magdalene College de Cambridge é bem pequeno e sua capela, uma perfeita e pequena preciosidade à luz de velas, é de fato minúscula. Ainda assim, o livro de registros da capela revela que ela estava cheia — cem pessoas — e que cadeiras adicionais foram necessárias. O sermão foi publicado no livro *Screwtape Proposes a Toast and Other Pieces* (Londres: Fount/Collins, 1965), obra essa em que Lewis ajudava seu editor a planejar pouco antes de morrer.

Registro meus agradecimentos à Collins Publishers por permitir a reimpressão de "Teologia é poesia?", "Sobre o perdão" e "Ato falho", e ao Sr. Sayer por me fornecer uma cópia de "Por que não sou um pacifista". Quero agradecer também a Owen Barfield por me permitir editar este livro, e por todas as outras coisas que me fazem considerá-lo um daqueles amigos que, por qualquer critério, é um dos mais óbvios orgulhos de nossa raça decaída.

WALTER HOOPER
7 de março de 1980
Oxford

PREFÁCIO

Este livro contém uma seleção de muitas das preleções que fui persuadido a proferir no período final da guerra e nos anos que se seguiram a ela. Todas foram proferidas na intenção de responder a solicitações pessoais e para públicos específicos, sem nenhuma intenção de publicação subsequentemente. Como resultado, em alguns lugares elas parecem repetir, embora realmente antecipem, frases que escrevi e que já apareceram em forma impressa. Quando fui convidado a fazer esta coleção, supus que pudesse remover tais sobreposições, mas estava errado. Chega um momento (e não precisa ser sempre um longo período) em que uma composição pertence tão categoricamente ao passado que o próprio autor não pode alterá-la muito sem o sentimento de que esteja produzindo uma espécie de falsificação. O período no qual esses ensaios foram produzidos era uma época excepcional para todos nós. E, embora creia não ter alterado nenhuma convicção que eles expressam, não posso mais capturar o tom e a atmosfera nos quais foram escritos. Nem mesmo aqueles que desejavam tê-los em formato permanente ficariam contentes com uma colcha de retalhos. Portanto, parece mais apropriado deixá-los em seu estado original com somente algumas poucas correções verbais.

Preciso agradecer à S.P.C.K., à S.C.M. e aos proprietários da *Sobornost* por sua generosa permissão para reimprimir "O peso da glória", "Aprendizado em tempos de guerra" e "Membresia", respectivamente. "O círculo íntimo" aparece aqui pela primeira vez em forma impressa. Uma versão diferente de "Transposição", escrita com um propósito específico e então traduzido para o italiano, apareceu na *Rivista* de Milão.

C. S. L.

CAPÍTULO 1

O peso
da glória

Se você perguntar hoje a vinte pessoas boas qual seria para elas a maior das virtudes, dezenove delas responderiam: "Abnegação". Mas se você tivesse perguntado isso a quase qualquer um dos grandes cristãos do passado, ele responderia: "Amor". Você entende o que aconteceu? Um termo de conotação negativa foi substituído por outro positivo, e a importância disso é mais do que filológica. A ideia negativa da Abnegação não carrega consigo a sugestão primordial de assegurar coisas para os outros, mas, em vez disso, a de nós mesmos nos privarmos dessas coisas, como se a nossa abstinência, e não a felicidade dos outros, fosse a mais importante questão. Não acredito que essa seja a virtude cristã do Amor. O Novo Testamento tem muito a dizer a respeito da autonegação, mas nada sobre a autonegação como um fim em si mesmo. Somos exortados a negar a nós mesmos e a tomar a nossa cruz para que possamos seguir a Cristo; e quase toda a descrição daquilo que finalmente encontraremos, se o fizermos, contém um apelo ao desejo. Se a noção de que o desejo pelo nosso próprio bem, bem como a intensa esperança de experimentá-lo, é uma coisa má que se esconde na maior parte das mentes modernas, proponho que essa noção se insinuou a partir de Kant e dos estoicos e não tem parte na fé cristã. De fato, ao levar em consideração as desavergonhadas promessas de recompensa e a surpreendente natureza das recompensas prometidas nos Evangelhos, parece-nos que o Senhor considera que nossos desejos não são muito fortes, e sim muito fracos. Somos criaturas medíocres, brincando com bebida, sexo e ambição, quando a alegria infinita nos é oferecida, como uma criança ignorante que prefere fazer castelos na lama em meio à insalubridade por não imaginar o que significa o convite de passar um feriado na praia. Nos contentamos com muito pouco.

Não deveríamos nos perturbar por causa dos descrentes, quando estes dizem que tal promessa de recompensa faz da vida cristã um caso típico de ação mercenária. Existem diferentes tipos de recompensas. Há a recompensa que não possui nenhuma conexão natural com as coisas que você faz para conquistá-la e que é bem estranha aos desejos que devem acompanhar essas coisas. O dinheiro não é a recompensa natural do amor; é por isso que chamamos de mercenário o homem que se casa com uma mulher por causa do dinheiro que ela possui. Contudo, o casamento é uma recompensa apropriada para o verdadeiro amante; logo, ele não será um mercenário por desejá-lo. Um general que luta bastante para conseguir uma condecoração é um mercenário; o general que luta pela vitória não o é, sendo que a vitória é a recompensa apropriada pela batalha, assim como o casamento é a recompensa apropriada

do amor. As recompensas apropriadas não estão simplesmente relacionadas à atividade para a qual são concedidas,
mas são a própria atividade em estado de consumação.
Existe, ainda, um terceiro caso, muito mais complicado.
Sentir prazer na poesia grega é certamente uma recompensa apropriada, e não mercenária, para o aprendizado
da língua grega; mas somente aqueles que atingiram o
estágio de sentir prazer na poesia grega podem testemu-
nhar, a partir de sua própria experiência, que é assim que
funciona. O jovem estudante, no início do estudo da gramática grega, não poderá ter a mesma expectativa de prazer ao ler Sófocles que um adulto conhecedor do grego,
da mesma forma que quem ama anseia pelo casamento
ou o general pela vitória. Ele terá de começar lutando por
boas notas, ou para escapar de punições, ou para agradar
os pais, ou, na melhor das hipóteses, na esperança de um
bom futuro, que no presente ele é incapaz de imaginar ou
desejar. Assim, sua posição se assemelha em parte à do
mercenário; a recompensa que irá conquistar, na verdade,
será uma recompensa natural e apropriada, mas ele não
saberá disso até recebê-la. Claro que ele a receberá gradativamente; a satisfação vai prevalecendo aos poucos sobre
o mero trabalho, e ninguém é capaz de indicar um dia ou
hora em que uma coisa terminou e a outra começou. Mas
é somente à medida que se aproxima da recompensa que
ele se tornará apto a desejá-la em si; de fato, o poder de
assim desejá-la é em si mesmo uma recompensa.

Em relação ao Céu, o cristão está numa posição muito
semelhante à desse jovem estudante. Aqueles que alcançaram

a vida eterna na visão de Deus sabem muito bem, sem sombra de dúvida, que isso não é o resultado de mero suborno, mas a própria consumação de seu discipulado terreno. Todavia, nós que ainda não a alcançamos não podemos saber disso da mesma maneira, nem mesmo podemos começar a saber disso de alguma forma, exceto ao continuarmos a obedecer e ao encontrarmos a primeira recompensa de nossa obediência em nosso poder gradativo de desejar a recompensa definitiva. Na proporção em que cresce o desejo, nosso temor, a não ser que seja um desejo mercenário, vai diminuindo e se mostrará, finalmente, um absurdo. Mas, para a maioria de nós, isso provavelmente não acontecerá no espaço de um dia; a poesia substitui a gramática, o evangelho substitui a lei, o anseio transforma a obediência, de modo tão gradual quanto a maré desencalha um navio.

Existe, porém, uma similaridade importante entre o jovem estudante e nós mesmos. Se ele for um jovem de imaginação, é muito provável que ele se satisfaça com os poetas e os romances ingleses adequados à sua idade, algum tempo antes de começar a suspeitar de que a gramática grega irá conduzi-lo a mais e mais prazer desse mesmo tipo. Ele poderá até mesmo negligenciar o estudo do grego para ler Shelley e Swinburne em segredo. Em outras palavras, o desejo ao qual o estudo do grego irá realmente gratificar já existe nele embora esteja ligado a objetos que lhe parecem totalmente desconectados de Xenofonte e dos verbos em grego. De fato, se fomos feitos para o Céu, o desejo pelo nosso lugar apropriado já estará em nós, mas ainda não está associado a seu verdadeiro objeto e parecerá até mesmo como rival daquele objeto. Penso que é isso mesmo que encontramos. Não há dúvida de que existe um ponto em que minha analogia do jovem estudante entra em colapso. A poesia inglesa que ele lê, quando deveria fazer os exercícios da gramática grega, pode ser tão boa quanto a poesia grega para a qual os exercícios o conduzem, de maneira que ao fixar sua atenção em Milton, em lugar de prosseguir até chegar a Ésquilo, seu desejo não é abraçar um falso objeto. No entanto, nosso caso é muito diferente. Se um bem transtemporal e transfinito é o nosso destino real, qualquer outro bem em que nosso desejo se fixa deve ser, em certo sentido, falacioso, e deve testificar, no melhor cenário, apenas uma relação simbólica com aquilo que verdadeiramente trará satisfação.

Ao falar desse desejo por nossa própria pátria longínqua, que já pode ser encontrado em nós mesmos agora, sinto certa timidez. Estou quase cometendo uma indecência ao tentar escancarar o segredo inconsolável em cada um de nós. É um segredo que machuca tanto que você se vinga dele chamando-o de nomes tais como nostalgia, romantismo e adolescência. Esse também é o segredo que nos cutuca com certa doçura quando, em conversa muito íntima, a menção a ele se torna iminente e ficamos meio sem jeito, o que nos faz rir de nós mesmos. É o segredo que não conseguimos esconder e sobre o qual não podemos falar, embora desejemos fazer ambas as coisas. Não conseguimos falar dele, pois é o desejo por algo que de fato nunca apareceu em nossa experiência. Não podemos escondê-lo, pois nossa experiência constantemente o está sugerindo e traímos a nós mesmos como fazem os amantes com a simples menção de um nome. Nossa saída mais comum é chamar isso de beleza e nos comportar como se isso desse um jeito no assunto. A saída proposta por Wordsworth era identificar isso com certos momentos de seu próprio passado, mas isso tudo não passa de trapaça. Se Wordsworth voltasse a esses momentos no passado, ele não teria encontrado a coisa em si, mas somente recordações dela; aquilo de que ele se lembrou seria em si mesmo uma recordação. Os livros ou a música nos quais pensamos que a beleza estava localizada nos trairão, se confiarmos neles; não é que isso estava *neles*, apenas que veio *por meio* deles, e aquilo que veio por intermédio deles era apenas um anseio. Essas coisas — a beleza, a recordação de nosso próprio passado — são boas imagens daquilo que realmente desejamos, mas, se forem confundidas com a coisa em si, tornam-se ídolos mudos, partindo o coração de seus adoradores. Elas não são a coisa em si; são apenas a fragrância de uma flor que nunca encontramos, o eco de uma melodia que nunca ouvimos, notícias de um país que nunca visitamos. Você acha que estou elaborando um encantamento mágico? Talvez esteja; lembre-se, porém, de seus contos de fada. Encantamentos são usados para quebrar a mágica, bem como para induzi-la, e você e eu temos necessidade do encantamento mais forte que se puder achar, a fim de despertar-nos da mágica maligna do mundanismo que está colocada sobre nós há quase cem anos. Quase todo o nosso sistema educacional tem sido direcionado no sentido de silenciar essa tímida e persistente voz interior; quase todas as nossas filosofias modernas têm sido idealizadas para nos convencer de que o bom ser humano pode ser encontrado neste mundo. No entanto, é uma coisa marcante perceber que essas filosofias do progresso ou da evolução criativa, elas mesmas, dão testemunho relutante da verdade de que nosso alvo real se encontra em outro lugar. Quando querem nos persuadir de que o mundo é o nosso lar, observe como eles realizam isso. Começam com a tentativa de convencê-lo de que a Terra pode ser transformada em Céu, abrandando assim a sua sensação de exílio no mundo em seu estado atual. A seguir, eles dizem a você que esse acontecimento feliz está ainda num futuro muito distante, confundindo assim o seu conhecimento de que a pátria não é aqui nem agora. Finalmente, com receio de que o transtemporal possa despertar e estragar todo o evento, eles usam qualquer tipo de retórica disponível para manter longe de seus pensamentos a lembrança de que, mesmo que toda a felicidade prometida pudesse chegar ao ser humano no mundo, ainda assim, cada geração iria perdê-la com a morte, inclusive a última geração, e toda a história se transformaria em nada, nem mesmo uma história, para todo sempre. Por isso vemos todo o contrassenso que o Sr. Shaw põe na fala final de Lilith, e o comentário de Bergson de que o *élan vital* [o impulso vital] é capaz de transpor quaisquer obstáculos, talvez até a morte — como se pudéssemos crer que algum desenvolvimento social ou biológico neste planeta adiasse a senilidade do Sol ou revertesse a segunda lei da termodinâmica.

Seja como for, continuamos cônscios de um desejo que nenhuma felicidade natural é capaz de satisfazer. Mas, existe alguma razão para se supor que a realidade oferece alguma satisfação para isso? "Nem o estar faminto prova que temos pão". Receio, porém, que seja possível demonstrar que isso é um equívoco. A fome física de uma pessoa não prova que ela conseguirá pão; a pessoa poderá morrer de fome numa balsa no meio do Atlântico. Mas certamente a fome de uma pessoa prova que ela é de uma raça em que seu corpo é fortalecido ao ingerir alimento e que ela habita num mundo em que existem substâncias comestíveis. Da mesma maneira, embora eu não creia que (eu gostaria de crer) meu desejo pelo Paraíso prove que eu irei desfrutá-lo, penso que seja uma boa indicação de que tal coisa existe e de que algumas pessoas irão. Um homem poderá amar uma mulher e não a conquistar; mas seria muito estranho se o fenômeno chamado "apaixonar-se" ocorresse num mundo sem sexo.

Aqui, portanto, o desejo se estabelece, ainda errante e incerto quanto a seu objeto e, em grande medida, ainda incapaz de enxergar aquele objeto na direção em que ele realmente repousa. Nossos livros sagrados nos oferecem um depoimento a respeito do objeto que contém, de fato, um teor simbólico. Por definição, o Céu está do lado de fora de nossa experiência, mas todas as descrições inteligíveis devem ser de coisas comuns à nossa experiência. O quadro que as Escrituras fornecem do Céu é, do mesmo modo, tão simbólico quanto o quadro que o nosso desamparado desejo inventa para si. O Céu não está realmente cheio de joias tanto quanto não é a beleza da natureza ou uma bela peça musical. A diferença é que a imagem das

Escrituras tem autoridade. Ela vem até nós de escritores que estiveram mais perto de Deus do que nós e passou incólume pelo teste da experiência cristã ao longo dos séculos. O apelo natural desse imaginário com autoridade é para mim, à primeira vista, muito pequeno. À primeira vista, ele causa calafrios em meu desejo, em vez de despertá-lo. E é exatamente isso que eu deveria esperar. Se o cristianismo não pudesse me contar mais sobre a terra distante do que as conjecturas de meu próprio temperamento, então o cristianismo não seria superior a mim mesmo. Se ele tiver mais a me oferecer, espero que seja imediatamente menos atraente do que "minhas próprias contribuições". À primeira vista, Sófocles parece uma leitura chata e fria para o estudante jovem que chegou somente até a poetisa Shelley. Se nossa religião for algo objetivo, então nunca deveríamos desviar os olhos daqueles elementos nela que parecem intrigantes ou repugnantes; pois são precisamente as coisas intrigantes ou repugnantes que ocultam o que ainda não conhecemos e que necessitamos descobrir.

As promessas das Escrituras podem ser resumidas, de modo geral, em cinco enunciados. É prometido a nós (1) que estaremos com Cristo; (2) que seremos como ele; (3) com imensa riqueza de imagens, que teremos "glória"; (4) que seremos, de alguma forma, alimentados ou saciados ou entretidos; e (5) que teremos uma espécie de posição oficial no universo — governando cidades, julgando anjos, sendo pilares no templo de Deus. A primeira pergunta que faço acerca dessas promessas é: "Por que precisaríamos de qualquer outra senão a primeira?" Poderá algo ser acrescentado à concepção de estar com Cristo? Pois deve ser verdade, como um velho escritor diz, que quem possui Deus e tudo mais não tem mais do que quem possui somente Deus. Acredito que, mais uma vez, a resposta está na natureza dos símbolos, pois, mesmo que se possa escapar de nossa percepção à primeira vista, ainda assim é verdadeiro que, qualquer concepção de estar com Cristo que a maioria de nós pode agora formar, não será muito menos simbólica do que as outras promessas. Essa concepção irá introduzir ideias de proximidade no espaço e de conversação agradável, como nós compreendemos a ideia de conversação no presente, e provavelmente concentrará na humanidade de Cristo com a exclusão de sua divindade. E, de fato, verificamos que aqueles cristãos que dão atenção somente a essa primeira promessa sempre a preenchem com imagens realmente bem terrenas — até mesmo com imagens nupciais ou eróticas. De forma alguma, eu viria a condenar tais imagens. Com sinceridade de coração, eu desejaria poder me aprofundar ainda mais nelas do que faço agora e oro para que ainda possa fazê-lo. Mas o meu argumento aqui é que também isso é apenas um símbolo, semelhante à realidade em alguns aspectos, porém diferente dela em outros sentidos, e, assim, necessita de correção dos diferentes símbolos nas outras promessas. A variação das promessas não significa que alguma outra coisa além de Deus será a nossa felicidade definitiva; mas porque Deus é mais do que uma Pessoa, e para que não imaginemos a alegria de sua presença em termos muito exclusivamente relacionados à nossa pobre experiência presente do amor pessoal, com todas as suas limitações e monotonia, são fornecidas diversas imagens que se corrigem e se equilibram umas às outras.

Volto-me agora à ideia da glória. Não se pode deixar de reconhecer o fato de que essa ideia é muito proeminente no Novo Testamento e nos escritores cristãos antigos. A salvação é constantemente associada a palmas, a coroas, a vestimentas brancas, a tronos e ao esplendor como o do Sol e o das estrelas. Tudo isso não traz nenhum apelo imediato a mim e, nesse sentido, imagino ser um típico homem moderno. A glória sugere duas ideias para mim, uma que parece perversa e a outra, ridícula. Glória significa para mim fama ou luminosidade. Quanto à primeira ideia, uma vez que ser famoso significa ser mais conhecido que outras pessoas, o desejo de fama me parece uma paixão competitiva e, portanto, muito mais do Inferno do que do Céu. Quanto à segunda, quem quer ser uma espécie de lâmpada elétrica viva?

Quando comecei a pesquisar sobre esse assunto, fiquei chocado em saber que cristãos tão diversos como Milton, Johnson e Tomás de Aquino consideravam a glória celestial muito abertamente como fama ou boa reputação, mas não a fama conferida por nossos semelhantes, criaturas humanas — e sim a fama com Deus, aprovação ou (poderia dizer) "apreciação" da parte de Deus. Foi então, quando pensei mais a respeito disso, que percebi que essa concepção seria bíblica; nada pode eliminar da parábola o elogio divino, "Muito bem, servo bom e fiel!". Com isso, uma grande parte daquilo que tenho pensado toda minha vida desmoronou como um castelo de cartas. De repente,

lembrei-me de que ninguém pode entrar no Céu senão
como uma criança; e nada é mais óbvio numa criança — não
numa criança envaidecida, mas numa boa criança — como
o seu grande e não disfarçado prazer de ser elogiada e isso
não se aplica apenas a uma criança, mas também a um cão
ou a um cavalo. Aparentemente, aquilo que eu confundi
com humildade durante todos esses anos me impediu de
compreender o que é, na verdade, o prazer mais humilde,
mais típico de crianças e das criaturas — sim, o prazer
específico daquele que é inferior; o prazer do animal
diante do ser humano, de uma criança diante de seu pai,
de um estudante diante do professor, da criatura diante
do Criador. Não, não estou esquecendo como o mais inocente dos desejos pode ser horrivelmente parodiado em
nossas ambições humanas, ou como muito rapidamente,
em minha própria experiência, o prazer lícito do elogio,
daqueles a quem era meu dever agradar, torna-se o veneno
mortal da autoadmiração. No entanto, pude detectar um
momento — um momento muito, muito curto — antes
de isso acontecer, durante o qual a satisfação de ter agra-
dado a quem eu verdadeiramente amava e temia era pura.
Isso é suficiente para elevar nossos pensamentos para
aquilo que poderá acontecer quando a alma redimida,
muito além de qualquer esperança e quase além do que se
pode acreditar, por fim toma conhecimento de que agra-
dou aquele a quem foi criada para agradar. Nessa hora,
não haverá qualquer espaço para a soberba. A alma estará
livre da infeliz ilusão da soberba. Sem nenhuma mancha
daquilo que agora denominamos autoaprovação, a alma

se regozijará da maneira mais inocente possível naquele propósito para o qual Deus a designou, e o momento que curará para sempre seu velho complexo de inferioridade também irá afogar seu orgulho mais profundamente do que o livro de Próspero.[1] A humildade perfeita não dá lugar para a modéstia. Se Deus estiver satisfeito com a obra, a obra pode ficar satisfeita consigo mesma; "não cabia a ela trocar cumprimentos com seu Soberano".[2] Posso imaginar alguém dizer que não gosta da minha ideia de Céu como um lugar em que recebemos "tapinhas nas costas". Entretanto, um mal-entendido arrogante está por detrás desse desgosto. No fim, aquela Face que é o prazer ou o terror do universo deverá se voltar para cada um de nós, seja com uma expressão, seja com outra, conferindo glória inexprimível ou infligindo vergonha que jamais poderá ser curada ou disfarçada. Recentemente, li num periódico que o fundamental é *como pensamos em* Deus. Pelo amor de Deus, não, não é! Como Deus pensa em nós não apenas é mais importante, é infinitamente mais importante. Na verdade, como pensamos nele não tem importância senão na medida em que esse pensamento esteja relacionado à forma como ela pensa em nós. Está escrito que nós "devemos comparecer perante" ele, que apareceremos,

---

[1]Próspero é uma personagem da peça de Shakespeare *A tempestade*. Ele é o exilado duque de Milão, que também é um mágico. [N. T.]
[2]Adaptação de um trecho do livro de James Boswell, *Life of Samuel Johnson* [A vida de Samuel Johnson]. O rei elogiou Johnson por escrever "tão bem". Johnson não respondeu e mais tarde explicou: "Quando o rei decide, está decidido. Não cabia a mim trocar cumprimentos com meu Soberano." [N. E.]

que seremos examinados. A promessa da glória é a promessa, quase que incrível e somente possível pela obra de Cristo, de que alguns de nós, que qualquer um de nós que realmente escolher, realmente sobreviverá a esse exame, e encontrará aprovação, isto é, agradará a Deus. Agradar a Deus (...) ser um ingrediente real da felicidade divina (...) ser amado por Deus, não apenas objeto de sua clemência, mas ser agradável a ele, como um artista tem prazer em sua obra ou um pai tem prazer em seu filho, parece ser algo impossível, um peso ou fardo de glória que nossos pensamentos dificilmente podem aguentar. Mas é assim.

Perceba agora o que está ocorrendo. Se eu tivesse rejeitado a imagem autoritativa e escriturística da glória e tivesse teimosamente permanecido com o desejo vago, que desde o princípio era a minha única indicação do Céu, não teria observado nenhuma conexão entre esse desejo e a promessa cristã. Mas agora, depois de pesquisar aquilo que aparentava ser intrigante e repulsivo nos livros sagrados, vejo, para minha grande surpresa, olhando para trás, que a conexão é perfeitamente clara. A glória, como o cristianismo me ensina a aguardar, acaba por satisfazer meu desejo original e, de fato, por revelar um elemento naquele desejo que eu não havia notado. Ao cessar de considerar, por um momento, as minhas próprias necessidades, comecei a entender melhor o que realmente preciso. Quando há pouco tentei descrever nossos anseios espirituais, omiti uma de suas mais curiosas características. Normalmente, percebemos isso somente no momento em que a visão se esvai, quando a música termina, ou quando a paisagem perde sua luz celestial. Aquilo que sentimos então foi bem descrito pelo poeta Keats como "a viagem de volta para o eu habitual". Você sabe o que quero dizer. Por alguns minutos tivemos a ilusão de pertencer a esse mundo. Agora despertamos para descobrir que essa não é a realidade. Somos simplesmente espectadores. A beleza sorriu, mas não para nos receber; sua face se voltou em nossa direção, mas não para nos ver. Não fomos aceitos, recebidos ou convidados para dançar. Podemos sair quando desejarmos, podemos ficar se quisermos: "Ninguém nota nossa presença".[3] Um cientista poderá responder que, como a maior parte das coisas que chamamos de beleza é inanimada, não é de surpreender que não nos note. Claro que isso é verdade, mas não é dos objetos físicos que estou falando e, sim, daquela alguma coisa indescritível da qual se tornaram mensageiros por um momento. E parte do amargor que se mistura à doçura dessa mensagem se deve ao fato de que raramente parece ser uma mensagem dirigida a nós, mas algo que ouvimos casualmente. Por amargor quero dizer dor, não ressentimento. Nem deveríamos sugerir que fôssemos notados de alguma forma. Contudo, ansiamos por isso. A sensação de que somos tratados como estranhos neste universo, o anseio por sermos reconhecidos, de encontrar alguma resposta, de construir uma ponte entre o vazio que se escancara entre nós e a realidade, tudo isso faz parte de nosso segredo inconsolável. E, certamente, desse ponto de vista, a promessa da glória, no sentido descrito,

---

[3] O trecho é uma fala de Beatriz na comédia *Much Ado Abouth Nothing* [Muito barulho por nada] de Shakespeare, Ato I, Cena I. [N. E.]

se torna altamente relevante para o nosso profundo desejo, pois glória significa ter uma boa avaliação de Deus, ser aceito por Deus, obter reposta, reconhecimento e acolhimento no coração das coisas. A porta em que estivemos batendo por toda a nossa vida se abrirá afinal.

Talvez pareça muito primitivo descrever a glória como o fato de ser "notado" por Deus, mas essa é quase a linguagem do Novo Testamento. O apóstolo Paulo promete àqueles que amam a Deus não que conhecerão a Deus, como seria de se esperar, mas que serão conhecidos por Deus (1Coríntios 8:3). É uma promessa estranha. Será que Deus não está ciente de todas as coisas o tempo todo? Entretanto, isso ecoa terrivelmente em outra passagem do Novo Testamento. Ali, somos advertidos de que isso poderá acontecer a qualquer um de nós, o momento de aparecer finalmente diante da face de Deus e ouvir apenas as palavras desesperadoras: "Nunca os conheci. Afastem-se de mim". De certa forma, tão obscuro para o intelecto quanto insuportável para as emoções, poderemos ser banidos da presença daquele que está presente em todo lugar e eliminados do conhecimento daquele que a tudo conhece. Poderemos ser deixados total e absolutamente *do lado de fora* — repelidos, exilados, alienados e cabal e indescritivelmente ignorados. Por outro lado, podemos ser chamados, bem-vindos, recebidos, reconhecidos. Andamos todos os dias sobre o fio da navalha entre essas duas possibilidades incríveis. Aparentemente, então, a nostalgia que sentimos por toda a vida, nosso anseio por sermos reunidos à alguma coisa no universo da qual nos sentimos agora separados, por estar do lado de dentro de alguma porta que sempre avistamos pelo lado de fora, não é um capricho neurótico, mas o mais verdadeiro indicador de nossa situação. Ser, finalmente, convidado para entrar seria uma glória e honra além de todos os nossos méritos e, também, a cura para uma velha dor.

E isso me leva para o outro sentido da glória — a glória como brilho, esplendor, luminosidade. Fomos feitos para brilhar como o Sol, para receber a Estrela da Manhã. Acredito que começo a ver o que isso significa. De certo modo é claro que Deus já nos deu a Estrela da Manhã: você pode sair e apreciar a dádiva nas melhores manhãs, se levantar da cama cedo. Você pode perguntar o que mais poderíamos pedir. Ah, mas queremos muito mais do que isso — alguma coisa a que os livros sobre estética dão pouca atenção. Contudo, os poetas e as mitologias conhecem tudo a respeito disso. Não desejamos meramente *ver* a beleza, embora, sabe Deus, mesmo isso já seria uma recompensa e tanto. Queremos algo mais que não pode ser posto em palavras — ser unidos à beleza que vemos, estar nela e recebê-la em nós mesmos, nos banhar nela, nos tornar uma parte dela. É por isso que povoamos o ar, a terra e a água com deuses e deusas, ninfas e elfos — para que, embora não consigamos, ainda assim essas projeções possam apreciar em si mesmas aquela beleza, graça e poder de que a natureza é a imagem. É por isso que os poetas nos contam essas falsificações tão amáveis. Falam como se o vento oeste fosse de fato penetrar uma alma humana; mas não pode. Dizem a nós que "a beleza nascida de um som murmurante" vai adentrar um rosto humano; mas não irá. Pelo menos, não por ora, pois, se levarmos a sério o imaginário das Escrituras, se crermos que algum dia Deus nos *dará* a Estrela da Manhã e fará com que *vistamos* o esplendor do Sol, então poderemos especular que tanto os mitos antigos quanto a poesia moderna, tão falsos quanto a história, poderão estar muito perto da verdade na forma de profecia. No presente, estamos no lado de fora do mundo, do lado errado da porta. Discernimos o frescor e a pureza da manhã, mas ambos não nos tornam novos e puros. Não conseguimos nos envolver no esplendor que vemos, mas todas as páginas do Novo Testamento sussurram umas às outras o rumor de que as coisas não serão sempre assim. Um dia, permitindo Deus, nós *entraremos*. Quando as almas humanas se tornarem tão perfeitas em obediência voluntária, como é a criação inanimada em sua obediência sem vida, então essas almas vestirão sua glória, ou melhor, a glória maior da qual a natureza é somente um primeiro esboço, pois não estou propondo nenhuma fantasia pagã de ser absorvido na natureza. A natureza é mortal; iremos viver mais do que ela. Quando todos os sóis e nebulosas tiverem morrido, cada um de vocês ainda estará vivo. A natureza é apenas a imagem, o símbolo; mas é o símbolo que as Escrituras me convidam a usar. Somos convidados para transpor a natureza, para irmos além do esplendor que ela refletiu.

E uma vez dentro, para além da natureza, comeremos da Árvore da Vida. No presente fomos renascidos em Cristo, o espírito em nós vive diretamente de Deus; mas a mente e, mais ainda, o corpo, recebem vida dele há milhares e milhares de gerações — por meio de nossos antepassados, nossos alimentos, pelos elementos naturais. Os fracos e distantes resultados daquelas energias que o êxtase criativo de Deus implantou na matéria, quando fez os mundos, são aquilo que agora denominamos prazeres físicos; e mesmo filtrados dessa forma, são demasiados para serem administrados no presente. Como será provar da própria fonte cujas emanações, mesmo que na dimensão inferior, se provam tão intoxicantes? No entanto, é isso que creio estar diante de nós. O homem inteiro deve beber alegria da fonte da alegria. Como disse Agostinho, o êxtase da alma salva irá "transbordar" para o corpo glorificado. À luz de nossos presentes apetites, específicos e depravados, não podemos imaginar essa *torrens voluptatis* [torrente de prazer], e exorto muito seriamente cada um a não tentar. No entanto, é necessário mencionar que se abandonem pensamentos ainda mais enganosos — pensamentos de que aquilo que é salvo é um mero fantasma, ou que o corpo ressurreto vive numa espécie de insensibilidade dormente. O corpo foi feito para o Senhor, e essas infelizes ideias erram o alvo por muito.

Enquanto isso, a cruz vem antes da coroa e amanhã de manhã é segunda-feira. Uma ruptura se abriu nas impiedosas muralhas do mundo, e somos convidados a seguir o nosso grande Capitão para dentro delas. Segui-lo, claro, é o ponto essencial. Sendo assim, pode-se perguntar qual seria o uso prático dessas especulações pelas quais estou me deixando levar. Posso imaginar pelo menos um uso prático. É possível que alguém pense exageradamente sobre sua potencial glória futura; dificilmente ele pensará muito frequentemente ou profundamente sobre a glória de seu próximo. O fardo, ou o peso, ou o ônus da glória de meu próximo deveria ser depositado sobre as minhas costas, um fardo tão pesado que somente a humildade é capaz de carregar, e o peso esmagará o orgulhoso. É coisa séria viver numa sociedade de possíveis deuses e deusas, e lembrar que a pessoa mais chata e desinteressante com quem você pode conversar poderá um dia ser uma criatura que, se você a visse agora, seria fortemente tentado a adorar; ou, então, um horror e uma corrupção tal qual você encontra agora, se for o caso, apenas num pesadelo. O dia todo, em certo sentido, ajudamos uns aos outros a chegar a um desses dois destinos. É à luz dessas possibilidades irrefutáveis, é com a reverência e a circunspecção que as caracterizam que deveríamos conduzir nossas interações uns com os outros, todas as amizades, todos os amores, toda a diversão, toda a política. Não existem pessoas *comuns*. Você nunca conversou com um mero mortal. Nações, culturas, artes, civilizações — essas coisas são mortais, e a vida dessas coisas é para nós como a vida de um mosquito. No entanto, é com os imortais que nós fazemos piadas, trabalhamos e casamos; são os imortais aqueles a quem esnobamos e exploramos — horrorosos imortais ou eternos esplendorosos. Isso não significa que devamos ter uma atitude solene o tempo todo. Devemos participar do jogo. Mas a nossa alegria deveria ser do tipo (e, de fato, é a mais alegre possível) que existe entre as pessoas que, desde o início, levam-se mutuamente a sério — sem leviandade, sem superioridade, sem presunção. Nossa caridade deve ser um amor real e custoso, com sentimento profundo pelos pecados, apesar dos quais amamos o pecador — não simplesmente tolerância, ou a indulgência que faz do amor uma paródia, como a leviandade parodia a alegria. Muito próximo dos *elementos* do sacramento da Ceia do Senhor, seu próximo é o *elemento* mais santo percebido pelos sentidos. Se seu próximo for cristão, ele será santo num sentido quase tão semelhante, pois nele Cristo também está *vere latitat*[4] — o glorificador e o glorificado, o próprio Deus da Glória está verdadeiramente oculto.

---

[4]Do latim: verdadeiramente escondido. [N. T.]

CAPÍTULO 2

Aprendizado em *tempos de* guerra

A universidade é uma sociedade em busca de aprendizado. Como estudantes, espera-se de vocês que se preparem para ser, ou ao menos comecem a ser, aquilo que na Idade Média denominava-se um erudito, que se tornem filósofos, cientistas, acadêmicos, críticos ou historiadores. À primeira vista, isso parece algo estranho de se fazer durante uma grande guerra. Qual é a utilidade de se iniciar uma tarefa cujas chances de concluir são mínimas? Ou, ainda que nós mesmos não sejamos interrompidos pela morte ou pelo serviço militar, por que razão deveríamos — de fato, como poderíamos — continuar tendo um interesse nessas tarefas plácidas quando a vida de nossos amigos e as liberdades da Europa estão em risco? Não seria o mesmo que tocar harpa enquanto Roma arde em chamas?

Parece-me que essas questões não podem ser respondidas enquanto não as colocarmos juntas a outras perguntas que todo cristão deveria fazer a si mesmo em épocas de paz. Falei, agora há pouco, de tocar harpa enquanto Roma arde em chamas. Porém, para o cristão, a verdadeira tragédia de Nero não deveria ser que ele tocava harpa durante o incêndio da cidade, mas que ele tocava harpa à beira do Inferno. Peço perdão pelo uso da expressão. Sei que atualmente muitos cristãos, mais sábios e melhores do que eu, não apreciam a menção de Céu e de Inferno, nem mesmo no púlpito. Entretanto, essa fonte é o Nosso Senhor Jesus. Alguns podem dizer que a fonte é Paulo, mas isso não é verdade. Essas doutrinas contundentes são dominicais. Não se pode realmente removê-las do ensinamento de Cristo ou de sua Igreja. Se não crermos nelas, nossa presença na Igreja não passa de uma grande farsa. Se crermos, precisamos por vezes vencer nosso pudor espiritual e mencioná-las.

No momento em que fizermos isso, poderemos ver que cada cristão que chega à universidade precisa ter sempre uma questão em relação à qual outras questões levantadas em função da guerra perdem relativa importância. Precisará se perguntar como pode ser correto, ou mesmo psicologicamente possível, para criaturas que estejam a cada momento avançando, seja em direção ao Céu ou ao Inferno, gastar uma fração do pouco tempo a elas permitido viver neste mundo em atividades triviais tais como literatura ou arte, matemática ou biologia. Se a cultura humana puder resistir a esse questionamento, poderá resistir a qualquer coisa. Admitir que se possa manter o interesse no aprendizado sob a sombra dessas questões eternas, mas não sob a sombra de uma guerra na Europa, seria o mesmo que admitir que nossos ouvidos estão fechados à voz da razão e muito abertos à voz dos nossos sentimentos ou emoções coletivas.

Esse é, de fato, o caso com a maioria de nós, e certamente comigo. Por essa razão, considero importante tentar observar a calamidade presente sob uma perspectiva verdadeira. A guerra não cria nenhuma situação absolutamente nova; ela simplesmente agrava a situação humana permanente de tal maneira que não podemos mais ignorá-la. A vida humana sempre viveu à beira do precipício. A cultura humana sempre teve de existir sob a sombra de algo infinitamente mais importante do que ela mesma. Se os seres humanos tivessem de adiar a pesquisa pelo conhecimento e pela beleza até estarem seguros, a pesquisa jamais teria começado. É um equívoco comparar a guerra com a "vida normal". A vida nunca foi normal. Até mesmos os períodos que julgamos ser os mais tranquilos, como o século XIX, foram, sob um olhar mais acurado, cheios de crises, situações alarmantes, dificuldades e emergências. Razões plausíveis nunca faltaram para se adiarem todas as atividades meramente culturais, até algum perigo iminente ser afastado ou alguma injustiça clamorosa ser retificada, mas há muito tempo a humanidade decidiu negligenciar essas razões plausíveis. Queriam conhecimento e beleza agora e não esperariam pelo momento adequado que nunca chega. A Atenas de Péricles nos legou não apenas o Pártenon, mas também, significativamente, a Oração Fúnebre. Os insetos escolheram um procedimento diferente: eles buscam primeiramente a prosperidade e a segurança da colmeia e presumivelmente têm sua recompensa. Os seres humanos são diferentes; propõem teoremas matemáticos em cidades sitiadas, conduzem argumentos metafísicos em celas de condenados, fazem piadas no patíbulo, discutem o último e novo poema enquanto avançam contra as muralhas de Quebec e penteiam o cabelo no desfiladeiro das Termópilas. Isso não é *petulância*; é a nossa natureza.

No entanto, uma vez que somos criaturas decaídas, o fato de que essa é a nossa natureza não iria, por si só, provar que isso é racional ou correto. Devemos perguntar se existe realmente algum lugar legítimo para as atividades do erudito num mundo como este. Ou seja, temos de sempre responder a esta pergunta: "Como você pode ser tão fútil e egoísta em pensar sobre qualquer outra coisa que não seja a salvação das almas humanas?" E necessitamos, no momento, responder à questão adicional: "Como você pode ser tão fútil e egoísta em pensar sobre qualquer outra coisa que não seja a guerra?" É verdade que parte de nossa resposta será a mesma para ambas as perguntas. Uma das perguntas implica que nossa vida pode, e deve, tornar-se exclusiva e explicitamente religiosa; a outra, que pode, e deve, tornar-se exclusivamente nacionalista. Acredito que toda a nossa vida pode e, de fato, deve, tornar-se religiosa num sentido a ser explicado mais tarde, mas se isso quer dizer que todas as nossas atividades devem ser do tipo que podem ser reconhecidas como "sagradas", em oposição a "seculares", então eu daria uma resposta simples para ambos os meus inquiridores imaginários. Eu diria: "Mesmo que devesse ou não acontecer, aquilo que você está sugerindo não vai acontecer". Antes de me tornar cristão, eu não tinha entendido completamente que a vida de alguém depois da conversão iria inevitavelmente consistir em fazer a maior parte das mesmas coisas que fazia antes, assim se espera, com um novo espírito, mas sendo ainda as mesmas coisas. Além disso, antes de partir como soldado para a Primeira Guerra Mundial, eu certamente esperava que minha vida nas trincheiras fosse, em algum sentido misterioso, somente voltada para a guerra. Na realidade, percebi que, quanto mais próximo se chegasse à frente de batalha, menos se falava e se pensava a respeito da causa dos aliados e do progresso da campanha. Fico feliz que Tolstói registra o mesmo no maior livro já escrito sobre a guerra, e, a seu próprio modo, a *Ilíada* também. Nem a conversão nem o alistamento no exército obliterarão a nossa vida humana. Soldados e cristãos são ainda seres humanos; as ideias do não-religioso sobre a vida religiosa, e a do cidadão civil sobre o serviço militar, são delirantes. Em qualquer um dos casos, se você tentar suspender toda a sua atividade intelectual e estética, o único sucesso que você terá é a substituição de uma vida cultural ruim por uma melhor. De fato, você não irá ler nada, tanto na Igreja quanto na linha de frente; se você não lê bons livros, lerá livros ruins. Se você não pensar racionalmente, pensará de forma irracional. Se rejeitar a satisfação estética, cairá em satisfação sensual.

Existe, portanto, essa analogia entre as reivindicações de nossa religião e as reivindicações da guerra: nenhuma das duas, para a maioria de nós, simplesmente cancelará ou removerá de cena a vida meramente humana que estávamos vivendo antes de entrarmos nelas, mas as duas operarão dessa maneira por razões diferentes. A guerra fracassará em absorver toda nossa atenção por ser um objeto finito e, por isso, intrinsecamente incapaz de suportar toda a atenção de uma alma humana. Para evitar mal-entendidos, devo fazer algumas considerações. Acredito que a nossa causa é, no que diz respeito a causas humanas, muito justa e, portanto, eu acredito que seja nosso dever participar desta guerra. Todo dever é um dever religioso e nossa obrigação de cumprir cada dever é, assim, absoluta. Dessa forma, talvez tenhamos o dever de resgatar um homem que esteja se afogando e, quem sabe, se vivermos numa área litorânea perigosa, de aprender primeiros socorros a fim de estarmos prontos para ajudar, quando necessário, qualquer pessoa que esteja se afogando. É possível que seja nosso dever perder a vida para salvar a vida de outra pessoa, mas qualquer pessoa que se dedica a ser um salva-vidas no sentido de dar a isso sua total atenção — de modo que não pensa nem fala sobre mais nada e exige a cessação de todas as outras atividades humanas até que todos aprendam a nadar — é um monomaníaco. O resgate de pessoas em situação de afogamento é, então, um dever pelo qual vale a pena morrer, mas não viver. Parece-me que todos os deveres políticos (entre os quais incluo o serviço militar) são desse tipo. Um homem poderá ter de morrer por seu país, mas nenhuma pessoa deve, em nenhum sentido exclusivo, viver por seu país. Aquele que se entrega sem reservas às reivindicações temporais de uma nação, ou de um partido, ou de uma classe, estará entregando a César aquilo que, acima de tudo, pertence da forma mais enfática possível a Deus; estará entregando a sua própria pessoa.

Entretanto, é por outra razão que a religião não pode ocupar o todo da vida no sentido de excluir todas as atividades naturais, pois é claro que, em certo sentido, deve ocupar a vida como um todo. Não há dúvida sobre uma acomodação entre as reivindicações de Deus e as reivindicações da cultura, da política, ou de qualquer outra coisa. A exigência de Deus é infinita e inexorável. Você pode recusá-la ou começar a tentar cumpri-la. Não existe caminho intermediário. Apesar disso, está claro que o cristianismo não exclui nenhuma das atividades humanas normais. O apóstolo Paulo diz às pessoas que vivam normalmente cumprindo suas tarefas. Ele até mesmo presume que cristãos compareçam a jantares e, o mais surpreendente, jantares patrocinados por pagãos. Nosso Senhor comparece a uma celebração de casamento e providencia vinho a partir de um milagre. Sob a proteção de sua Igreja, e na maioria dos séculos cristãos, o aprendizado e as artes floresceram. A solução para esse paradoxo, claro, é bem conhecida. "Assim, quer vocês comam, bebam ou façam qualquer outra coisa, façam tudo para a glória de Deus."

Todas as nossas atividades naturais serão aceitas, se forem oferecidas a Deus, mesmo a mais humilde delas; e todas elas, mesmo as mais nobres, serão pecaminosas se não forem dedicadas a Deus. Não é que o cristianismo simplesmente substitui nossa vida natural por uma nova vida; é antes uma nova organização que cultiva esses materiais naturais para seus próprios fins sobrenaturais. Não há dúvida de que, em dada situação, ele exige a entrega de algumas, ou de todas, as nossas aspirações meramente humanas; é melhor ser salvo com um só olho do que, tendo os dois, ser lançado no Geena. Contudo, ele faz isso, em certo sentido, *per accidens* [por acidente] — porque naquelas circunstâncias especiais deixou de ser possível realizar esta ou aquela atividade para a glória de Deus. Não há discordância essencial alguma entre vida espiritual e as atividades humanas em si. Assim, a onipresença da obediência a Deus na vida cristã é, de certo modo, comparável à onipresença de Deus na dimensão espacial. Deus não preenche o espaço como um corpo o faz, no sentido de que diferentes partes dele estariam em diferentes partes do espaço, excluindo outros objetos. Ainda assim, ele está em toda parte — completamente presente em cada ponto do espaço — segundo bons teólogos.

Estamos agora em condições de responder à perspectiva de que a cultura humana é uma futilidade inexcusável da parte de criaturas incumbidas dessas terríveis responsabilidades, como nós. Rejeito imediatamente a noção que predomina na mente de algumas pessoas modernas de que atividades culturais são por si só espirituais e meritórias — como se eruditos e poetas fossem intrinsecamente mais agradáveis a Deus do que catadores de lixo e engraxates. Creio que foi Matthew Arnold quem primeiro usou o termo inglês *spiritual* no sentido do alemão *geistlich*, inaugurando assim esse erro perigosíssimo e muito anticristão. Devemos nos livrar completamente dessa mentalidade. A obra de Beethoven e o trabalho de uma faxineira se tornam ambas espirituais precisamente na mesma condição, de serem oferecidas a Deus, de serem realizadas de maneira humilde "como para o Senhor". Isso não significa, é claro, que seja mera questão de sorte para cada um, se irá varrer salas ou compor sinfonias. Uma toupeira precisa cavar para a glória de Deus e um galo deve cantar. Somos membros de um corpo, mas membros diferentes, cada um com a sua vocação. A educação de uma pessoa, seus talentos, suas circunstâncias, são geralmente um indicador aceitável de sua vocação. Se nossos pais nos mandaram para Oxford, se nosso país nos permite permanecer aqui, essa é uma evidência *prima facie* de que a vida que, em todo caso, é a melhor que podemos viver para a glória de Deus no presente, é a vida acadêmica. Ao dizer que podemos viver para a glória de Deus, não quero dizer, é claro, que devamos fazer com que qualquer das nossas tentativas de pesquisa intelectual deva redundar em conclusões edificantes. Isso seria o mesmo que, como diz Bacon, oferecer ao autor da verdade o sacrifício impuro de uma mentira. Refiro-me à busca pelo conhecimento e pela beleza num sentido que seja pela própria busca em si, mas num sentido que não exclua que seja também para Deus. Existe um apetite para essas coisas na mente humana, e Deus não faz nenhum apetite em vão. Podemos, dessa forma, buscar o conhecimento como tal, e a beleza como tal, com a confiança inabalável de que ao fazer isso estaremos progredindo em nossa própria visão de Deus, ou indiretamente ajudando outros a fazer o mesmo. A humildade, não menos que o apetite para essas coisas, nos encoraja a concentrar simplesmente no conhecimento ou na beleza, não nos preocupando em demasia com sua relevância final para a visão de Deus. Essa relevância pode não ser destinada a nós, mas a quem é melhor do que nós — para as pessoas que vêm depois e encontram o significado espiritual daquilo que desenterramos em obediência cega e humilde à nossa vocação. Esse é o argumento teleológico de que a existência do impulso e da capacidade prova que eles devem ter uma função apropriada no esquema de Deus — o argumento com o qual Tomás de Aquino demonstra que a sexualidade existiria mesmo sem a Queda. A robustez do argumento, no que diz respeito à cultura, é comprovada pela experiência. A vida intelectual não é o único caminho para Deus, nem mesmo o mais seguro, mas descobrimos ser um caminho, e poderá ser o caminho destinado a nós. É verdade que isso será assim somente enquanto mantivermos o impulso puro e desinteressado. Essa é a grande dificuldade. Como diz o autor de *Theologia Germanica*, podemos nos tornar amantes do conhecimento — *nosso* conhecimento — mais do que da coisa conhecida; ter prazer não no exercício de nossos talentos, mas no fato de que são nossos, ou mesmo na reputação que eles nos trazem. Cada sucesso na vida do estudioso aumenta esse perigo. Se isso se tornar irresistível, ele deverá desistir de seu trabalho acadêmico. O momento de arrancar o olho direito terá chegado.

Essa é a natureza essencial da vida acadêmica do modo como a vejo, mas ela possui valores indiretos que são especialmente importantes na atualidade. Se o mundo todo fosse cristão, não importaria se o mundo todo não fosse educado. No entanto, do modo como as coisas são, uma vida cultural existirá fora da Igreja, independentemente se ela existe ou não dentro dela. Ser ignorante e simples agora — não sendo capaz de enfrentar os inimigos em seu próprio campo — seria derrubar nossas armas e trair nossos irmãos não educados, que não têm, sob Deus, nenhuma defesa contra os ataques intelectuais dos pagãos a não ser nós. É necessário que haja boa filosofia, se não por outra razão, porque a filosofia ruim precisa de uma resposta. O bom intelecto deve trabalhar não apenas contra o bom intelecto do outro lado, mas contra os confusos misticismos pagãos que negam o intelecto completamente. Acima de tudo, talvez, precisamos de um conhecimento íntimo do passado, não porque o passado tenha alguma magia em torno de si, mas porque não podemos estudar o futuro. Ainda assim, necessitamos de algo para contrapor o presente, para nos lembrar de que as pressuposições básicas têm sido muito diferentes em diferentes períodos e que muito daquilo que parece absoluto para os que não são educados é meramente modismo temporário. O homem que já viveu em muitos lugares tem menos possibilidades de ser enganado pelos erros de seu local de origem. O erudito vive em contextos diferentes e, portanto, tem a percepção mais aguçada a respeito da enxurrada de tolices que jorram da imprensa e dos microfones de seu próprio tempo.

Portanto, a vida acadêmica é um dever para alguns e nesse momento parece-me que esse dever é de vocês. Estou muito consciente de que parece haver uma discrepância quase cômica entre os temas mais elevados que consideramos e a tarefa imediata na qual vocês podem estar ocupados, como as boas leis anglo-saxônicas ou fórmulas químicas. Mas existe um choque semelhante nos aguardando em cada vocação — um jovem pároco pode se envolver com questões do coro da igreja, e um jovem soldado com o fazer o inventário de potes de geleia. E é bom que seja assim. Isso acaba por limpar o terreno das pessoas que são falsas, turbulentas e mantêm aquelas que são humildes e fortes. Nesse tipo de dificuldade, não precisamos desperdiçar nossa simpatia, mas a dificuldade peculiar imposta pela guerra sobre vocês é outra questão, e sobre isso eu vou repetir o que tenho dito, de uma forma ou de outra, desde que comecei — não deixe que seus sentimentos e emoções os levem a pensar que seu dilema é mais incomum do que realmente é. Talvez seja útil mencionar os três exercícios mentais que poderão servir como defesas contra os três inimigos que a guerra levanta contra o erudito.

O primeiro inimigo é o entusiasmo — a tendência de pensar e sentir sobre a guerra quando tencionamos pensar em nosso trabalho. A melhor defesa é o reconhecimento de que nisso, como em tudo mais, a guerra realmente não levantou um novo inimigo, mas apenas agravou um inimigo velho. Existem sempre muitos rivais para o nosso trabalho. Estamos sempre nos apaixonando ou discutindo, procurando emprego ou com medo de perdê-lo, adoecendo e recuperando a saúde, acompanhando acontecimentos públicos. Se deixarmos isso para nós mesmos, estaremos sempre na expectativa de alguma distração ou outra para terminar antes mesmo de realmente sermos capazes de continuar no nosso trabalho. Nunca existirão condições favoráveis. Há momentos, é claro, em que a pressão do entusiasmo é tão grande que somente um domínio próprio sobre-humano pode resistir. Eles vêm tanto na guerra quanto na paz. Precisamos fazer nosso melhor.

O segundo inimigo é a frustração — o sentimento de que não teremos tempo de terminar. Se eu lhe disser que ninguém tem tempo para terminar, que a vida humana mais longa torna a pessoa, seja qual for o ramo do saber, uma iniciante, parecerei dizer algo bem acadêmico e teórico. Você ficaria surpreso se soubesse como é cedo quando alguém começa a sentir que a corda é curta, de tantas coisas, mesmo em mei a-idade, em que temos de dizer "não tenho tempo para isso", "agora é tarde" e "não é para mim". A própria natureza, porém, o proíbe de compartilhar essa experiência. Uma atitude mais cristã, que pode ser obtida em qualquer idade, é deixar o futuro nas mãos de Deus, e deveríamos fazer isso mesmo, pois Deus vai certamente reter isso, quer o deixemos para ele ou não. Seja na paz ou na guerra, nunca dedique sua virtude ou sua felicidade ao futuro. O trabalho feliz é mais bem realizado pela pessoa que considera seus planos de longo prazo de uma forma leve e que trabalha de momento a momento "como para o Senhor". É somente pelo nosso pão *diário* que somos encorajados a pedir. O presente é o único tempo em que algum dever pode ser cumprido ou alguma graça pode ser recebida.

O terceiro inimigo é o medo. A guerra nos ameaça com a morte e a dor. Ninguém — especialmente nenhum cristão que se lembra do Getsêmani — precisa tentar alcançar uma indiferença estoica quanto a essas coisas, mas podemos nos policiar contra as ilusões da imaginação. Podemos pensar sobre as ruas de Varsóvia e contrastar as mortes que lá aconteceram com uma abstração chamada Vida. Contudo, não existe uma questão de vida ou morte para qualquer um de nós, apenas uma questão desta morte ou daquela — de uma bala de metralhadora agora ou um câncer daqui a quarenta anos. O que a guerra realiza em função da morte? Ela certamente não a torna mais frequente; cem por cento de nós vão morrer e essa porcentagem não pode ser aumentada. Ela adianta certa quantidade de mortes, mas acho difícil supor que seja isso que tememos. Certamente, quando o momento chegar, não fará muita diferença quantos anos foram deixados para trás. Será que a guerra aumenta a nossa probabilidade de uma morte dolorosa? Duvido. O quanto me é possível imaginar, aquilo que denominamos morte natural é normalmente precedido por sofrimento, e um campo de batalha é um dos poucos lugares em que se tem uma razoável possibilidade de morrer sem dor alguma. Será que a guerra diminui nossas possibilidades de morrer em paz com Deus? Não posso acreditar nisso. Se o serviço militar ativo não for capaz de persuadir um homem a se preparar para a morte, que outra série imaginável de circunstâncias o faria? Por outro lado, a guerra faz uma coisa em relação à morte. Ela nos força a lembrar dela. A única razão por que o câncer aos sessenta anos ou a paralisia ao setenta e cinco não nos incomodam é que nos esquecemos deles. A guerra torna a morte real para nós e isso seria considerado como uma de suas bênçãos pela maioria dos grandes cristãos do passado. Eles achavam bom para nós estar sempre conscientes de nossa mortalidade. Estou inclinado a pensar que eles estavam certos. Toda a vida animal em nós, todos os esquemas de felicidade que estão centrados neste mundo, sempre estiveram fadados ao fracasso. Em tempos de normalidade, somente os mais sábios podiam reconhecer isso. Agora, até o mais estúpido de nós sabe. Vemos, de modo inequívoco, o tipo de universo em que estamos vivendo todo esse tempo e devemos acertar as contas com ele. Se tínhamos esperanças não-cristãs acerca da cultura humana, elas estarão agora destroçadas. Se pensávamos que estivemos construindo um Céu na Terra, se procurávamos por algo que iria mudar o mundo presente, de ser um lugar de peregrinação para uma cidade permanente que satisfaz a alma de uma pessoa, estamos desiludidos e não é sem tempo. Porém, se pensávamos que para algumas almas, em alguns tempos, a vida acadêmica oferecida humildemente a Deus era, em seu pequeno próprio modo, uma das abordagens indicadas para a realidade Divina e a beleza Divina que esperamos um dia desfrutar, podemos sim continuar a pensar desse modo.

CAPÍTULO 3

Por que *não* sou um *pacifista*

A questão aqui é se prestar serviço militar nas guerras, obedecendo à ordem da sociedade civil a qual pertencemos, é uma ação perversa, uma ação moralmente indiferente ou uma ação moralmente obrigatória. Ao perguntar como decidir sobre essa questão, estamos levantando uma questão muito mais geral: Como decidimos aquilo que é o bem e o mal? A resposta usual é que o fazemos orientados pela consciência, mas provavelmente ninguém está agora pensando na consciência como uma faculdade separada, como um dos sentidos. De fato, isso não pode ser tomado dessa forma, pois uma faculdade autônoma, como um sentido, não pode participar de uma discussão; você não pode argumentar com um homem para que ele veja a cor verde se ele está vendo a cor azul. Porém, a consciência pode ser alterada por um argumento; se você não pensava assim, não teria me convidado a vir e discutir com você sobre a moralidade de obedecer à lei civil quando ela nos manda servir nas guerras. A consciência, portanto, implica o homem totalmente engajado num assunto específico.

Entretanto, até nesse sentido a consciência ainda tem dois significados: (a) a pressão que uma pessoa sente sobre a sua vontade para fazer aquilo que pensa ser certo; (b) seu julgamento sobre qual seria o conteúdo do certo e do errado. No sentido (a), a consciência é para ser seguida sempre. Ela é a soberana do universo, de modo que "se tivesse poder assim como tem direito, governaria o mundo de forma absoluta". Ela não se submete à discussão, mas quer ser obedecida e até mesmo questioná-la seria incorrer em culpa. No sentido (b), a questão é muito diferente. As pessoas podem estar equivocadas sobre o errado e o certo; a maioria das pessoas está errada até certo ponto. Com que instrumentos os erros nesse campo podem ser corrigidos?

A analogia mais útil aqui é a da Razão — com a qual não me refiro a uma faculdade separada, porém, mais uma vez, o homem julgando por inteiro, só que agora, não a respeito do bem e do mal, mas sobre a verdade e a falsidade. Dito isso, qualquer sequência concreta de pensamento envolve três elementos: *Primeiramente*, existe o acolhimento dos fatos para se pensar a respeito. Esses fatos são recebidos pelos nossos próprios sentidos ou pela descrição de outras mentes; isto é, a experiência ou a autoridade nos fornecem nosso material. Contudo, a experiência de cada pessoa é tão limitada que a segunda fonte é a mais comum; de cada cem fatos sobre os quais se precisa pensar, noventa e nove dependem de autoridade. *Em segundo lugar*, existe o ato simples e direto da mente em perceber verdades autoevidentes, como quando vemos que se A e B são ambos iguais a C, então todos são iguais entre si. A esse ato chamo de intuição. *Em terceiro lugar*, existe uma arte ou habilidade de ordenar os fatos de maneira que produzam uma série de intuições como essas, que, ao serem ligadas entre si, produzem uma prova da verdade ou da falsidade da proposição que estamos considerando. Dessa forma, numa prova geométrica cada passo é visto pela intuição, e falhar em ver isso não significa ser um geômetra ruim, mas um idiota. A habilidade vem no arranjo do material em uma série de "passos" intuitivos. Falhar em fazer isso não significa idiotice, mas simplesmente que não se tem genialidade ou o espírito de invenção. Falhar em seguir isso não necessariamente significa idiotice, mas que houve desatenção ou que um defeito de memória nos impediu de ver todas as intuições em conjunto.

Na verdade, todas as correções de erros no processo de pensamento são realmente correções no primeiro ou no terceiro elementos. O segundo, o elemento intuitivo, não pode ser corrigido se estiver errado, nem suprido se estiver faltando. Você pode fornecer novos fatos à pessoa ou forjar uma prova mais simples, isto é, uma concatenação mais simples de verdades intuitivas. Porém, quando você chega à absoluta inabilidade de perceber algum dos passos autoevidentes a partir dos quais a prova é construída, então você não pode fazer nada. Sem dúvida, essa inabilidade absoluta é muito mais rara do que supomos. Todo professor sabe que as pessoas estão constantemente reclamando que "não conseguem perceber" alguma inferência autoevidente, mas a suposta inabilidade é normalmente uma recusa do ato de ver, resultando tanto de uma paixão que *quer* não ver a verdade em questão, quanto de preguiça que simplesmente não quer pensar; quando a incapacidade é real, o argumento está no fim. Você é incapaz de produzir intuição racional por meio de argumentação, porque a argumentação depende da intuição racional. A prova depende daquilo que é improvável e que precisa apenas ser "percebido". Dessa forma, uma intuição defeituosa é incorrigível. Isso não significa que não possa ser treinada pela prática da atenção e pela mortificação de paixões perturbadoras, ou corrompidas por hábitos opostos. Todavia, não está aberta à correção pela via da argumentação.

Antes de deixar para trás o assunto Razão, preciso dizer que a autoridade não apenas se combina com a experiência para produzir a matéria-prima, os "fatos", mas também precisa ser usada, frequentemente, no lugar do próprio processo de raciocínio como um método para se chegar a conclusões. Por exemplo, poucos de nós seguiram o raciocínio no qual estão baseadas dez por cento das verdades nas quais acreditamos. Nós as aceitamos com base na autoridade dos especialistas e agimos com sabedoria ao fazê-lo, pois embora sejamos às vezes enganados, ainda assim viveríamos como selvagens se não o fizéssemos.

Na realidade, todos os três elementos são encontrados na consciência. Os fatos, como já vimos, vêm da experiência e da autoridade. Não quero dizer com isso "fatos morais", mas aqueles fatos a respeito de ações que não dizem respeito a quaisquer questões morais, pois não deveríamos nem mesmo discutir o pacifismo se não soubéssemos o que a guerra e a matança significam, nem a Castidade, se ainda não aprendemos aquilo que os professores costumavam chamar de "fatos da vida". Em segundo lugar, existem intuições puras a respeito daquilo que é absolutamente o simples bem e o simples mal como tais. Em terceiro lugar, existe um processo de argumentação pelo qual você organiza as intuições de modo a convencer uma pessoa de que um ato em particular é errado ou certo. E, finalmente, existe a autoridade como um substituto do argumento, alertando o indivíduo acerca do que lhe parece errado ou certo, algo que ele não descobriria por si mesmo, e que é prontamente aceita se tiver boas razões para crer que essa autoridade é mais sábia e melhor que ele. A principal diferença entre Razão e Consciência é algo alarmante. E é o seguinte: enquanto as intuições indiscutíveis sobre as quais tudo depende são passíveis de ser corrompidas pela paixão, quando consideramos a verdade e a falsidade, elas estarão muito mais sujeitas, estarão quase certas de ser corrompidas quando consideramos o bem e o mal, pois, nesse caso, estaremos preocupados com alguma ação a ser realizada aqui e agora, ou deixada de lado por nós. E nem deveríamos considerar essa ação, a não ser que tenhamos um desejo de realizá-la ou não, de modo que nessa esfera somos subornados desde o princípio. Assim, o valor da autoridade em verificar ou até mesmo em sobrepor a nossa própria atividade, é muito maior nessa esfera do que na esfera da Razão. Portanto, também, os seres humanos precisam ser treinados na obediência às intuições morais até mesmo antes de tê-las, e anos antes de se tornarem racionais o suficiente para discuti-las, ou serão corrompidos antes de chegar o momento para discussão.

Essas intuições morais básicas são o único elemento na Consciência que não pode ser discutido; se puder haver alguma diferença de opinião que não revele que um dos implicados é um idiota moral, então isso não será uma intuição. Elas são as preferências definitivas da vontade para amar em vez de odiar e da escolha da felicidade em lugar do sofrimento. Existem pessoas tão corruptas que perderam até mesmo essas coisas, assim como há pessoas que não conseguem perceber a prova mais simples, mas isso pode ser visto, na maioria dos casos, como a voz da humanidade como tal. Essas coisas são indiscutíveis, mas aqui começa o problema. As pessoas estão constantemente reivindicando esse status de inquestionáveis em relação aos seus julgamentos morais, que não são nem mesmo intuições, mas consequências remotas ou aplicações particulares delas, eminentemente abertas à discussão, uma vez que as consequências poderão ser ilogicamente depreendidas ou as aplicações falsamente concebidas.

Dessa forma, você poderá encontrar um fanático da "sobriedade" que reivindica ter uma intuição inquestionável de que todo tipo de bebida é proibido, mas na realidade ele não pode reivindicar nada disso, pois a intuição real é que saúde e harmonia são coisas boas. Então, existe a generalização dos fatos de que a embriaguez produz doença e brigas, e talvez, se o fanático for também cristão, insere-se a voz da Autoridade que diz que o corpo é o templo do Espírito Santo. Depois vem a conclusão de que tudo que pode ser sempre abusado é melhor que não seja usado de forma alguma — uma conclusão eminentemente discutível. Finalmente, existe o processo a partir do qual associações anteriores, arrogância e coisas semelhantes, fazem da conclusão improvável algo que a pessoa julga inquestionável, pois não deseja discutir a respeito.

Esse, portanto, é o nosso primeiro critério para decisões morais. A Consciência no sentido (a), aquilo que nos move a fazer o que é certo, que tem autoridade absoluta, mas a consciência no sentido (b), nosso julgamento do que é correto, é uma mistura de intuições inquestionáveis e de processos altamente discutíveis de raciocínio ou de submissão à autoridade; e nada é para ser tratado como uma intuição a não ser que seja algo que nenhuma pessoa normal tenha alguma vez sonhado em duvidar. O homem que "simplesmente sente" que a abstinência total da bebida, ou do casamento, é obrigatória, deve ser tratado como o homem que "simplesmente sente que é certo" que a peça "Henrique VII" não é de autoria de Shakespeare, ou que a vacinação não traz bem algum. Uma mera convicção não argumentada somente será adequada quando estivermos lidando com o que é axiomático; essas perspectivas não são axiomáticas.

Assim, começo descartando uma posição pacifista que provavelmente ninguém aqui sustenta, mas que poderá ser concebivelmente defendida — aquela do homem que reivindica saber, fundamentado em intuição imediata, que toda morte de seres humanos é em todas as situações um mal absoluto. Com uma pessoa que alcança o mesmo resultado por raciocínio ou autoridade, eu posso discutir. Do homem que reivindica não ter chegado a essa conclusão, mas que começou por ela, podemos apenas dizer que ele não pode ter uma intuição como essa que ele reivindica. Ele está confundindo uma opinião, ou, o mais provável, uma paixão por uma intuição. Claro, seria rude dizer isso a ele. *Para* ele podemos apenas dizer que, se ele não for um idiota moral, então infelizmente o restante da humanidade é, incluindo os melhores e mais sábios, e que esse argumento é impossível diante desse abismo.

Uma vez descartado esse caso extremo, volto para investigar como devemos decidir sobre a questão da moralidade. Vimos que todo julgamento moral envolve fatos, intuição e raciocínio e, se formos sábios o bastante para sermos humildes, envolverá alguma consideração pela autoridade também. Sua força dependerá da força desses quatro fatores. Dessa forma, ao avaliar que os fatos com os quais trabalho são claros e pouco disputados, que a intuição básica é indiscutivelmente uma intuição, que o raciocínio que liga essa intuição ao julgamento específico é forte e que concordo com a autoridade, ou (no pior cenário) não estou em discordância com ela, então posso confiar no meu julgamento moral com confiança razoável. Adicionalmente, se encontro pouco motivo para supor que alguma paixão secretamente influenciou minha mente, essa confiança é confirmada. Por outro lado, ao concluir que os fatos são duvidosos, que a intuição suposta não é de forma alguma óbvia a todas as pessoas comuns, que o raciocínio é fraco e que a autoridade está contra mim, então, provavelmente, estarei equivocado. E se a conclusão a que tiver chegado também desperta uma forte paixão em mim mesmo, então minha suspeita deve intensificar-se em certeza moral. Por "certeza moral" quero dizer o grau de certeza apropriado às decisões morais; pois certeza matemática não é algo a ser buscado aqui. Agora aplico esses testes ao julgamento seguinte: "É imoral obedecer quando a sociedade civil da qual sou membro me ordena servir na guerra!"

Primeiro, aos fatos. O principal fato relevante admitido por todas as partes é que a guerra é muito desagradável. A maior contestação apresentada como fato pelos pacifistas seria que as guerras sempre fazem mais mal do que bem. Como seria possível saber se isso é verdade? Essa avaliação pertence a uma classe de generalizações históricas que envolvem uma comparação, entre a real consequência de algum evento real e uma consequência que poderia se esperar se esse evento não ocorresse. Dizer que "as guerras não trazem bem algum" envolve a proposição de que se os gregos tivessem se rendido a Xerxes e os romanos a Aníbal, o curso da história desde então teria sido talvez melhor, mas certamente não pior do que tem sido; que um mundo mediterrâneo no qual o poder de Cartago tivesse sucedido ao persa teria sido pelo menos tão bom, feliz e frutífero para toda a posteridade como o mundo mediterrâneo em que o poder romano sucedeu ao grego. A questão aqui não é que tal opinião me parece imensamente improvável, e que, por outro lado, ambas as opiniões são meramente especulativas; não há maneira concebível de persuadir alguém sobre nenhuma delas. De fato, é duvidoso se toda a concepção de "o que teria acontecido" — isto é, de possibilidades não realizadas — seja mais do que uma técnica imaginativa para dar um relato retórico vívido daquilo que ocorreu.

Que as guerras não trazem bem algum está, portanto, tão longe de ser um fato que dificilmente figuraria como uma opinião histórica. Nem seria possível consertar a questão ao dizer "guerras modernas". Como poderíamos decidir se o efeito total teria sido melhor ou pior se a Europa tivesse se submetido à Alemanha em 1914? É verdade, sim, que as guerras jamais realizam metade do bem que os líderes das partes beligerantes dizem que elas farão. Nada nunca faz metade do bem — talvez, nada nunca faça metade do mal — que se espera que façam e isso pode ser um bom argumento para não se fazer uma propaganda muito estridente. Contudo, isso não é um argumento contra a guerra. Se uma Europa germanizada em 1914 tivesse sido um mal, então a guerra que impediu esse mal foi, até aqui, justificada. Chamá-la de inútil porque não resolveu o problema da pobreza e do desemprego, seria como abordar um homem que acabou de sair vitorioso ao defender-se de um tigre selvagem e dizer: "Não adiantou nada, meu caro. Você não foi curado de seu reumatismo!"

Quanto ao teste dos fatos, então, avalio a posição pacifista como fraca. Parece-me que a história está cheia de guerras úteis tanto quanto de guerras inúteis. Se tudo que pode ser trazido contra a aparição frequente da utilidade é mera especulação sobre o que poderia ter acontecido, eu não me converti.

Volto-me agora à intuição. Não há o que discutir, uma vez que a tenhamos encontrado; há somente o perigo de se confundir a intuição com algo que é realmente uma conclusão e, por isso, que necessita de argumentos. Precisamos de algo que as pessoas comuns nunca contestaram; estamos em busca de um lugar comum. A intuição relevante parece ser que amar é bom e odiar é ruim, ou que ajudar é bom e prejudicar é ruim.

A seguir, temos de considerar se o processo de raciocínio nos leva dessa intuição à conclusão do pacifista ou não. A primeira coisa que noto é que a intuição pode não conduzir à ação até que seja limitada de um modo ou de outro. Você não pode fazer *simplesmente* o bem *simplesmente* ao ser humano; você deve fazer este ou aquele bem a este ou aquele ser humano. E se você fizer *este* bem não poderá ao mesmo tempo fazer *aquele*; e se você o fizer a *estes* seres humanos não poderá fazer isso *àqueles* seres humanos. Desse modo, desde o início, a lei da beneficência envolve não fazer algum bem a algumas pessoas em certos momentos. Assim, isso se aplica, por exemplo, àquelas regras que pelo que me consta nunca foram questionadas, de que deveríamos ajudar alguém a quem prometemos ajuda em lugar de ajudar outra pessoa, ou um benfeitor em lugar de alguém que não tenha qualquer exigência de nós, ou um compatriota mais que um estrangeiro, ou um parente em lugar de um mero compatriota. Isso, de fato, mais frequentemente significa ajudar A em prejuízo de

B, que se afoga enquanto você puxa A para fora da água. Mais cedo ou mais tarde, isso envolve ajudar A ao fazer, na realidade, algum grau de violência a B, mas quando B comete alguma ofensa contra A, você não deverá fazer coisa alguma (o que desobedece à intuição) ou deverá ajudar um contra o outro. Certamente a consciência não lhe dirá para ajudar B, o culpado, portanto, o que permanece é ajudar A. Até aqui, suponho, estamos todos de acordo. Se o argumento não é para terminar numa conclusão anti-pacifista, um dos dois pontos de parada tem de ser escolhido. Você terá de dizer que a violência em relação a B é legítima somente se não terminar em morte, ou que matar indivíduos é, de fato, legítimo, mas a matança em massa da guerra, não.

No que concerne à primeira (não matar B), admito a proposição geral de que a menor violência feita a B será sempre preferível à maior, desde que seja igualmente eficiente em restringi-lo e igualmente boa para todos envolvidos, inclusive B, cuja demanda é inferior à de todas as demandas envolvidas, mas não inexistente. Contudo, eu não concluo que matar B seja sempre errado. Em alguns casos — por exemplo, numa pequena e isolada comunidade —, a morte pode ser o único método eficiente de contenção. Em qualquer comunidade, seu efeito sobre a população, não apenas dissuasiva através do medo, mas também como uma expressão da importância moral de certos crimes, pode ser válida. Quanto a B em si, penso que um homem mau fará, pelo menos, um bom final na ala de execuções, seja algumas semanas depois do crime, ou no hospital prisional vinte anos mais tarde. Não estou alistando argumentos para demonstrar que a pena de morte é indubitavelmente correta; estou somente defendendo que ela não é indubitavelmente errada; é uma questão sobre a qual boas pessoas poderão discordar legitimamente.

Quanto à segunda (matar B), a posição parece ser muito mais clara. É discutível se a situação de um criminoso possa ser sempre resolvida satisfatoriamente sem a pena de morte. É certo que uma nação inteira não pode ser impedida de conquistar aquilo que quiser, exceto pela guerra. É, também, quase que igualmente certo que a absorção de certas sociedades por outras sociedades é um grande mal. A doutrina que afirma que a guerra é sempre o maior mal parece implicar uma ética materialista, uma crença de que a morte e a dor são os maiores males. Mas, eu não penso assim. Penso que a supressão de uma religião superior por uma inferior, ou mesmo de uma cultura secular mais elevada por uma inferior, é um mal maior. Nem sou muito tocado pelo fato de que muitos dos indivíduos que abatemos na guerra são inocentes. De certa forma, isso não faz da guerra algo pior, e sim melhor. Todas as pessoas morrem e a maioria de forma infeliz. Que dois soldados em lados opostos, cada um acreditando que seu próprio país está certo, cada um num momento em que o seu egoísmo está mais suspenso e a sua vontade de se sacrificar está em ascendente, matem um ao outro na batalha, não me parece, sem sombra de dúvida, uma das coisas mais terríveis neste mundo tão terrível em que vivemos. Evidentemente, um deles (ao menos) deve estar errado.

E é claro que a guerra é um malefício enorme, mas essa não é a questão. A questão é se a guerra é o pior dos males do mundo, de maneira que qualquer estado de coisas que possa resultar da submissão é certamente preferível. Não vejo nenhum argumento realmente contundente em favor dessa perspectiva.

Outra tentativa de obter uma conclusão pacifista da intuição é de um tipo mais político e calculista expressa da seguinte forma: Se não é o pior dos males, ainda assim a guerra é um grande mal. Portanto, deveríamos todos desejar remover esse mal se formos capazes. Mas, como cada guerra nos conduz à próxima, logo, a remoção da guerra dever ser buscada. Precisamos aumentar, pela propaganda, a quantidade de pacifistas em cada nação até que se torne grande o suficiente para impedir essa nação de ir à guerra, o que me parece um trabalho impossível. Somente sociedades liberais toleram os pacifistas. Numa sociedade liberal, a quantidade de pacifistas será grande o bastante para impedir que o estado seja beligerante, ou não. Se não for, você não alcançou coisa alguma. Se for grande o suficiente, então você entregou o estado que tolera a presença dos pacifistas a seu vizinho totalitário que não os tolera. O pacifismo desse tipo toma o caminho mais direto para um mundo em que não haverá pacifistas.

Pode-se fazer a pergunta se existe outro tipo de esperança, uma vez que a esperança do pacifismo de abolir a guerra é fraca. A questão, porém, diz respeito a uma maneira de pensar que considero estranha. Consiste em presumir que as grandes e permanentes infelicidades na vida humana devam ser curáveis se pudermos achar a cura certa. Em seguida, prossegue por eliminação e conclui que aquilo que restou, ainda que dificilmente se prove como cura, deveria ainda assim resolver a questão. Daí explica-se o fanatismo de marxistas, freudianos, eugenistas, espiritualistas, douglasistas, unionistas federalistas, vegetarianos e todo o resto. Entretanto, não recebi nenhuma garantia de que qualquer coisa que pudermos fazer vá erradicar o sofrimento. Creio que os melhores resultados são obtidos por pessoas que trabalham de maneira discreta, com objetivos limitados, tais como a abolição do comércio de escravos, a reforma prisional, a melhoria nas condições de trabalho ou o combate à tuberculose, não por aqueles que pensam que podem alcançar a justiça universal, a saúde ou a paz. Penso que a arte da vida consiste em lidar com cada um dos males imediatos da melhor maneira possível. Evitar ou adiar uma guerra específica através de articulações políticas moderadoras, tornar uma campanha específica mais curta por força ou habilidade, ou menos terrível pela misericórdia do vencedor em relação aos civis derrotados, é mais útil do que as propostas de paz universal que já foram feitas, assim como o dentista que pode pôr fim à dor de dente merece mais da humanidade do que todas as pessoas que pensam ter algum esquema que produza uma raça perfeitamente saudável.

Portanto, não encontro nenhuma razão muito clara e decisiva para deduzir do princípio geral de beneficência a conclusão de que devo desobedecer à autoridade constituída, se for chamado a servir como soldado. A seguir, quero refletir sobre a Autoridade. A Autoridade pode ser tanto especial quanto geral, humana ou divina.

A autoridade humana especial em que me baseio nessa questão é aquela da sociedade a que pertenço. Essa sociedade, pela sua declaração de guerra, decidiu a questão contra o pacifismo nesse caso específico e, por meio de suas instituições e práticas de séculos, decidiu contra o pacifismo em geral. No caso de ser um pacifista, tenho contra mim Artur e Alfred, Elizabete e Cromwell, Walpole e Burke. Terei minha universidade, minha escola e meus antepassados contra mim. Terei a literatura de meu país contra mim e não poderei nem mesmo abrir meu exemplar de *Beowulf*, de Shakespeare, de Johnson, nem de meu Wordsworth, sem ser reprovado. Agora, é claro que essa autoridade da Inglaterra não é definitiva, mas existe uma diferença entre autoridade conclusiva e autoridade sem peso algum. As pessoas podem ter diferenças de opinião sobre que peso dariam à quase unânime autoridade da Inglaterra. Neste ponto, não estou preocupado com a avaliação disso, mas apenas com observação de que qualquer peso que tenha é contra o pacifismo. E é claro que a minha responsabilidade de levar em conta essa autoridade é aumentada pelo fato de que tenho uma dívida para com essa sociedade, pelo meu nascimento e pela minha criação, pela educação que me permitiu ser um pacifista e pelas leis tolerantes que me permitem continuar sendo um pacifista.

É isso em relação à autoridade humana especial. A sentença quanto à posição da autoridade humana geral é igualmente clara. Desde os primórdios da história até o afundamento do navio *Terris Bay*, o mundo ecoa com os louvores à guerra justa. Para ser um pacifista devo me afastar da companhia de Homero e de Virgílio, de Platão e de Aristóteles, de Zaratrusta e da *Bhagavad-Gita*, de Cícero e de Montaigne, da Islândia e do Egito. Desse ponto de vista, sou quase tentado a responder ao pacifista como Johnson respondeu a Goldsmith: "Não, senhor, se não quiser levar em consideração a opinião universal da humanidade, não tenho mais nada a dizer".

Embora Hooker tenha dito que "a voz geral e perpétua dos homens é como a sentença do próprio Deus", estou ciente de que ainda assim muitos ouvirão e darão pouca ou nenhuma importância a isso. Essa desconsideração da autoridade humana pode ter duas raízes. Pode originar-se da crença de que a história humana é um movimento simples e não linear do pior para o melhor — aquilo que é denominado fé no Progresso — de tal forma que qualquer geração será sempre mais sábia em todos os aspectos do que todas as gerações anteriores. Para aqueles que acreditam nisso, nossos antepassados são substituídos e nada há de improvável na afirmação de que o mundo todo estava errado até anteontem e agora, subitamente, está correto. Devo confessar que não posso debater com essas pessoas, pois não compartilho de sua premissa básica. Os que acreditam no progresso notam corretamente que no mundo das máquinas o novo modelo suplanta o antigo; disso inferem falsamente um tipo de superação similar em coisas tais como virtude e sabedoria.

Mas a autoridade humana pode ser descartada numa base completamente diferente. Pode ser sustentado, ao menos por um pacifista cristão, que a raça humana é decaída e corrupta, de forma que mesmo com o consentimento de grandes mestres e sábios, e de grandes nações totalmente separadas no tempo e no espaço, não se fornece nenhuma pista quanto ao bem. Se essa contestação é feita, temos de nos voltar para o nosso próximo tópico, o da Autoridade Divina.

Farei considerações sobre a Autoridade Divina exclusivamente em termos do pensamento cristão. Quanto às outras religiões da civilização, acredito que somente uma — o budismo — seja genuinamente pacifista. De qualquer forma, não estou suficientemente informado a respeito dessas religiões para discutir suas ideias de maneira proveitosa. Ao nos voltarmos para o cristianismo, encontramos o pacifismo alicerçado quase exclusivamente em certas palavras de Nosso Senhor. Se tais palavras de Jesus não estabelecem a posição pacifista, será inútil tentar baseá-lo no *securus judicat*[1] da cristandade como um todo, pois quando busco essa orientação encontro a autoridade como um todo contra mim. Ao ler os Trinta e Nove Artigos, a declaração que é minha autoridade imediata como um anglicano, encontro, escrito preto no branco, que "é lícito para homens cristãos, sob as ordens do magistrado, empunhar armas e servir nas guerras". Os dissidentes podem não aceitar isso;

---

[1] A expressão é parte da frase em latim: *securus judicat orbis terrarum*: "o mundo todo julga corretamente". Ou seja, o apelo aqui seria ao "consenso" da cristandade. [N. T.]

então, posso indicar que leiam a história dos presbiterianos, que não é nada pacifista. Os papistas podem não aceitar isso; então, posso indicar a eles a regra de Tomás de Aquino: "Assim como os príncipes licitamente defendem suas terras pela espada contra as desordens internas, também é incumbência deles defendê-las pela espada contra os inimigos externos". Ou, no caso de se exigir autoridade patrística, vale citar Agostinho:

> Se o discipulado cristão reprovasse inteiramente a guerra, então esta resposta teria sido dada inicialmente àqueles que buscaram o conselho da salvação no evangelho, de que eles deveriam depor suas armas e retirar-se totalmente do serviço de soldado. Mas, eis o que realmente lhes foi dito: "não pratiquem a extorsão nem acusem ninguém falsamente; contentem-se com o seu salário". Quando ele os exortou a se contentarem com o salário de soldado, não os proibiu de serem pagos como soldados.

No entanto, não haveria fim para a verificação de vozes individuais. Todos os organismos que se afirmam igrejas — isto é, que afirmam o sucedimento apostólico e aceitam os credos — têm constantemente abençoado aquilo que consideram como armas da justiça. Doutores, bispos e papas têm constantemente frisado suas posições desfavoráveis à posição pacifista. Também não acredito que encontremos alguma palavra sobre o pacifismo nos escritos apostólicos, que são mais antigos que os Evangelhos e representam, se algo puder fazê-lo, aquela cristandade original a partir da qual os próprios Evangelhos são produto.

Toda a argumentação cristã pelo pacifismo depende, portanto, de certas afirmações do Senhor, tais como: "Não resistam ao perverso. Se alguém o ferir na face direita, ofereça-lhe também a outra". Quero, agora, tratar do cristão que diz que isso deve ser aceito sem ponderações. Não preciso dizer — pois isso sem dúvida já foi mencionado a você antes — que tal cristão é obrigado a considerar todas as outras afirmações de Nosso Senhor da mesma maneira, pois ninguém faltará com respeito à pessoa que dá esmola a todos que lhe pedirem em todas as ocasiões e que, finalmente, tenha entregado aos pobres tudo que possuía. É com esse tipo de pessoa que eu suponho debater. Pois quem acharia adequado responder àquela pessoa incoerente, que considera as palavras de Nosso Senhor *à la riguer* [com rigor] quando elas o dispensarem de uma possível obrigação, e as consideram com flexibilidade, quando exigirem que ele se torne um mendigo?

Existem três maneiras de interpretar o mandamento de oferecer a outra face. Uma é a interpretação pacifista no sentido literal de impor o dever da não resistência a todas as pessoas em todas as circunstâncias. Outra interpretação é a reducionista no sentido de ser uma forma oriental hiperbólica de dizer que você deveria suportar muitas coisas e ser alguém que procura apaziguar os outros. Tanto você quanto eu concordamos em rejeitar essa perspectiva. Portanto, o conflito é entre a interpretação pacifista e uma terceira que irei propor agora. Acredito que o texto significa exatamente o que diz, mas com uma reserva subentendida em favor daqueles casos obviamente excepcionais, que todo ouvinte iria presumir naturalmente como exceção, sem que tivesse de ser orientado para tanto. Dito o mesmo numa linguagem mais lógica; penso que o dever da não resistência é afirmado aqui no que diz respeito a ferimentos *simpliciter* [sem qualificação], mas sem predispor nada do que podemos ter de permitir depois sobre ferimentos *secundum quid* [qualificados]. Ou seja, na medida em que os únicos fatores relevantes no caso são um ferimento em mim, feito pelo meu próximo, e um desejo por retaliação de minha parte, então eu sustento que o cristianismo ordena a absoluta mortificação desse desejo. Nenhum espaço é dado à nossa voz interior, que diz: "Ele fez isso comigo, então vou fazer o mesmo com ele", mas no momento em que você introduz outros fatores é claro que o problema é alterado. Será que alguém supõe que os ouvintes de Nosso Senhor entenderam que ele quis dizer que se um maníaco homicida, procurando matar uma terceira pessoa, tenta me tirar do caminho, eu deveria ficar de lado e deixar que ele chegue até a vítima? De qualquer maneira, imagino ser impossível que entendessem o Senhor querendo dizer isso. Acho igualmente impossível que eles supusessem Jesus dizendo que a melhor maneira de se criar um filho é deixá-lo bater em seus pais toda vez que ficasse bravo, ou dar ao filho também o mel, se ele tivesse pegado o pote de geleia. Creio que o sentido das palavras era perfeitamente claro: "Uma vez que você é simplesmente uma pessoa irritada que foi ferida, mortifique sua ira e não bata de volta". Isso deveria ser presumido mesmo se você for um magistrado golpeado por uma pessoa comum, um pai golpeado pelo filho pequeno, um professor por um estudante, uma pessoa sã por um louco ou um soldado pelo inimigo público. Seus deveres podem ser muito diferentes, diferentes porque pode haver outros motivos além de retaliação egoísta para bater de volta. De fato, como o público era de pessoas individuais em uma nação desarmada, parece difícil que eles tenham presumido que Nosso Senhor estivesse falando de guerra. Não seria em guerra que eles estariam pensando. O que mais provavelmente estava na mente deles eram os conflitos entre os moradores de um vilarejo.

Essa é a minha razão principal para preferir essa interpretação à sua. Qualquer afirmação deve ser considerada no sentido em que teria sido percebida no tempo e no lugar em que foi feita. Mas eu também penso que, tomada dessa maneira, ela se harmoniza melhor com as palavras de João Batista aos soldados e com o fato de que uma das poucas pessoas a quem Nosso Senhor elogia sem reservas era um centurião romano. Também me permite supor que o Novo Testamento é coerente consigo mesmo. O apóstolo Paulo aprova que o magistrado use a espada (Romanos 13.4) e assim o faz o apóstolo Pedro (1Pedro 2.14). Se as palavras de Nosso Senhor devem ser tomadas no sentido não qualificado, que o pacifista exige, seremos então forçados a concluir que o verdadeiro significado dado por Cristo, e que está encoberto para aqueles que viveram na mesma época e falaram a mesma língua que ele, e a quem ele mesmo escolheu como seus mensageiros ao mundo, bem como de todos os seus sucessores, foi finalmente descoberto em nosso tempo. Sei que haverá pessoas que não acharão que esse tipo de coisa seja difícil de acreditar, assim como existem pessoas prontas para sustentar que o verdadeiro significado de Platão ou Shakespeare, estranhamente oculto de seus contemporâneos e sucessores imediatos, preservou sua virgindade para os ousados abraços de um ou dois catedráticos modernos. Contudo, não posso aplicar às coisas divinas um método de exegese que eu já rejeitei com desprezo em meus estudos de leigo. Qualquer teoria que se baseia num suposto "Jesus histórico", a ser escavado dos Evangelhos e colocado em oposição ao ensino cristão, pois produz um Jesus histórico multifacetado — um Jesus liberal, um Jesus pneumático, um Jesus barthiano, um Jesus marxista. São a safra barata da lista de cada editora, como novos Napoleões e novas Rainhas Vitória. Não estou à procura de fantasmas para minha fé e salvação.

A autoridade cristã, portanto, falha comigo em minha busca pelo pacifismo. Ainda permanece a questão de que se eu ainda me mantenho como pacifista, deveria suspeitar da influência secreta de alguma paixão. Espero não ser mal compreendido aqui. Não tenho intenção de me juntar a algum tipo de zombaria à qual aqueles de sua persuasão são expostos na imprensa popular. Digo desde o princípio que acredito que seja improvável haver alguém presente que seja menos corajoso do que eu, mas também tenho de dizer que não existe uma pessoa viva tão virtuosa que necessite sentir a si mesma insultada ao ser solicitada a considerar a possibilidade de uma paixão deformada quando a escolha é entre muita felicidade e tanta desventura. E que não haja qualquer dúvida. Tudo o que tememos, todo tipo de adversidade, é severamente reunido na vida de um soldado em serviço ativo. Como a doença, ameaça produzir dor e morte. Como a pobreza, ameaça deixar mal acomodado, com frio ou calor, com sede ou fome. Como a escravidão, ameaça com sofrimento, humilhação, injustiça e mando arbitrário. Como o exílio, separa você daqueles que ama. Como nas galés romanas, aprisiona você em confinamento com companheiros indesejáveis. Prenuncia *todos* os males temporais — cada mal, exceto a desonra e a perdição final, e aqueles que suportam não gostam, tanto quanto você não gosta. Por outro lado, embora talvez não seja falha sua, certamente é fato que o pacifismo ameaça você com quase nada. Algum desprezo público, sim, de pessoas cuja opinião você descarta, e cuja sociedade você não frequenta, logo recompensado pela calorosa aprovação mútua que existe, inevitavelmente, em qualquer grupo minoritário. Quanto ao mais, oferece a continuidade com a vida que você conhece e ama, entre as pessoas e nos ambientes que você conhece e ama. Oferece a você o tempo necessário para estabelecer os fundamentos de uma carreira; pois, querendo ou não, você não pode recusar receber os empregos pelos quais os soldados dispensados irão algum dia procurar em vão. Você nem mesmo tem de temer, como os pacifistas podem ter tido a experiência de temer na última guerra, que a opinião pública não irá punir você quando a paz chegar, pois aprendemos agora que, apesar de o mundo ser lento para perdoar, é rápido para esquecer.

Portanto, é por isso que eu não sou um pacifista. Se eu tentasse ser um, acharia uma base de fatos muito duvidosa, um raciocínio obscuro, um peso de autoridade, tanto humana como divina contra mim, e embasamento forte para suspeitar que meus desejos induziram minha decisão. Como já disse, decisões morais não comportam certeza matemática. No fim das contas, pode ser que o pacifismo esteja certo, mas isso me parece uma aposta muito improvável, aliás, improvável demais para fazer eu enfrentar a voz de quase toda a humanidade contra mim.

CAPÍTULO 4

Transposição

Na igreja a que pertenço, hoje se comemorou a descida do Espírito Santo sobre os cristãos ocorrida poucos dias depois da Ascensão. Quero refletir sobre um dos fenômenos que seguiram, ou que acompanharam, essa descida, a saber, aquilo as nossas traduções chamam de "falar em línguas", e que os eruditos denominam *glossolalia*. Você não iria supor que eu considero esse fenômeno o aspecto mais importante do Pentecostes, mas tenho duas razões para essa escolha. Em primeiro lugar, seria ridículo falar a respeito da natureza do Espírito Santo ou dos modos em que ele opera; seria uma tentativa de ensinar sobre algo em que tenho quase tudo a aprender. Em segundo lugar, a *glossolalia* tem sido, frequentemente, uma pedra de tropeço para mim. Para ser honesto, é um fenômeno embaraçoso. Em sua Primeira Carta aos Coríntios, o apóstolo Paulo parece ter tido certa dificuldade com ele, esforçando-se para direcionar o desejo e a atenção da igreja para aqueles dons obviamente mais edificantes. Mas, não vai além. Apresenta, quase parenteticamente, a afirmação de que ele mesmo falava em línguas mais do que qualquer outra pessoa e não questiona a fonte espiritual ou sobrenatural do fenômeno.

Minha dificuldade é esta. Por um lado, a *glossolalia* tem sido uma "variedade de experiências religiosas" intermitentes até a atualidade. Muitas vezes, ouvimos que em uma reunião de reavivamento uma ou duas pessoas presentes irrompem naquilo que parece ser uma enxurrada de fala sem sentido. Tais ocasiões não parecem edificantes, e todas as opiniões de não cristãos consideram-na uma espécie de histeria, uma descarga involuntária de entusiasmo e agitação. Grande parte da opinião cristã explica a maioria das ocorrências exatamente da mesma maneira; e devo confessar que seria muito difícil acreditar que em todas essas ocasiões é o Espírito Santo que está atuando. Suspeitamos, ainda que não possamos ter certeza, de que isso é normalmente algo ligado ao sistema nervoso. Essa é uma das facetas do problema. Por outro lado, na condição de cristãos, não podemos engavetar a história do Pentecostes nem negar que pelo menos naquela ocasião o falar em línguas foi miraculoso, pois as pessoas não pronunciaram coisas sem nexo, mas falaram línguas a elas desconhecidas, apesar de serem conhecidas de outras pessoas presentes. O acontecimento todo, do qual este faz parte, está entretecido na própria história do nascimento da Igreja. É o próprio acontecimento que o Senhor ressurreto tinha orientado à Igreja que esperasse — quase nas últimas palavras que ele pronunciou antes de sua ascensão. Parece, portanto, como se devêssemos dizer que o mesmo fenômeno que às vezes não é apenas natural, mas até mesmo patológico, é outras vezes (pelo menos, uma outra vez) o instrumento do Espírito Santo. À primeira vista, isso surpreende e permanece sujeito à contestação. Certamente o cético vai usar essa oportunidade para falar conosco sobre a navalha de Occam, a fim de nos acusar de multiplicar hipóteses. Se a maioria das ocorrências da *glossolalia* é explicada como histeria, será que não é (ele perguntará) extremamente provável que essa explicação sirva também para as demais ocorrências do fenômeno?

É sobre essa dificuldade que eu gostaria de, com satisfação, oferecer uma pequena contribuição, se puder. Começo então por apontar que isso está enquadrado numa categoria de dificuldades. O paralelo mais próximo é levantado pela linguagem erótica e pelo imaginário que encontramos nos místicos, nos quais há uma grande abrangência de expressões — e, portanto, possivelmente de emoções — com as quais estamos bem familiarizados em outro contexto, no qual existe um nítido significado natural. Contudo, nos escritos místicos afirma-se que esses elementos têm uma causa diferente. Assim, mais uma vez, o cético perguntará por que estamos satisfeitos em aceitar noventa e nove por cento das ocorrências dessa linguagem sem incluir também a ocorrência de número cem. A hipótese de que o misticismo é um fenômeno erótico parecerá a ele imensamente mais provável do que qualquer outra.

Em termos mais gerais, nosso problema está relacionado à óbvia continuidade entre coisas que são reconhecidamente naturais e coisas das quais se afirma serem espirituais; a reaparição dos mesmos velhos elementos que compõem a nossa vida natural e (aparentemente) de nenhuma outra, naquilo que professamos ser a nossa vida sobrenatural. Se realmente tivermos sido visitados por uma revelação além da Natureza, não é muito estranho que um Apocalipse possa apresentar o paraíso com nada além de seleções da experiência terrena (coroas, tronos e música) que a devoção não consegue encontrar em nenhuma linguagem além da de amantes humanos e que a cerimônia com a qual os cristãos dramatizam uma união mística revela-se como o antigo e familiar ato de comer e beber? Você poderá acrescentar que o mesmíssimo problema irrompe também num nível inferior, não somente entre o espiritual e o natural, mas também entre os níveis superior e inferior da vida natural. Assim, os cínicos, de modo muito plausível, desafiam nossa concepção civilizada da diferença entre amor e lascívia ao apontar que, no fim das contas, normalmente acabam naquilo que é fisicamente o mesmo ato. De modo semelhante, desafiam a diferença entre justiça e vingança argumentando para todos os efeitos o que acontece com o criminoso pode ser a mesma coisa. Em todos esses casos, temos de admitir, *prima facie,* que os cínicos e os céticos têm um bom argumento. Os mesmos atos reaparecem tanto na justiça quanto na vingança; a consumação do amor humanizado e conjugal é fisiologicamente o mesmo que a lascívia meramente biológica; a linguagem e o imaginário religiosos, e provavelmente a emoção religiosa também, nada contêm que não tenha sido emprestado da Natureza.

Agora, parece-me que a única maneira de refutar o crítico aqui é demonstrar que esse mesmo argumento *prima facie* é igualmente plausível em algumas ocorrências em que todos nós sabemos (não por fé ou lógica, mas empiricamente) que é, de fato, falso. Será que podemos encontrar uma instância mais elevada e menos elevada em que a mais elevada esteja na experiência de todas as pessoas? Penso que sim. Considere a citação abaixo, de *Pepys's Diary*:

> Fui com a minha esposa à Casa do Rei para ver *The Virgin Martyr* [A virgem mártir]; e a peça é muito agradável (...).
>
> Mas o que me agradou mais do que qualquer outra coisa no mundo inteiro foram os instrumentos de sopro, quando o anjo desceu, que são tão doces que me arrebataram e que, na verdade, numa palavra, envolveram minha alma de tal forma que me fizeram sentir muito enjoo, do mesmo modo que fiquei quando me apaixonei por minha esposa (...) e me persuadiram a praticar os instrumentos de sopro, e a minha mulher a fazer o mesmo.
>
> (27 de fevereiro de 1668).

Há diversos pontos aqui que merecem atenção. (1) A sensação interna que acompanhou o intenso prazer estético era indistinguível da sensação que acompanha duas outras experiências, a de estar apaixonado e a de estar, quem sabe, numa travessia violenta pelo Canal da Mancha. (2) Das duas outras experiências, pelo menos uma é o próprio inverso daquilo que produz prazer; ninguém gosta de estar com náuseas. (3) Ainda assim, Pepys estava ansioso por ter de novo a experiência cuja sensação associada era idêntica à dos desagradáveis acompanhamentos de se estar enjoado; foi por essa razão que ele decidiu tocar instrumentos de sopro.

Pode ser verdade que poucos de nós tenhamos experimentado inteiramente a experiência de Pepys, mas todos já vivenciamos algo semelhante. Para mim, acredito que se, durante um momento de intenso êxtase estético, qualquer que procura capturar pela introspecção aquilo que outra pessoa realmente esteja sentindo, nunca será capaz de alcançar alguma coisa se não ser a sensação física. No meu caso, é uma espécie de frio na barriga ou palpitação. Talvez fosse isso que Pepys quis dizer com "muito enjoo". No entanto, o mais importante é: Vejo que o frio na barriga ou a palpitação são exatamente as mesmas sensações que resultam em uma grande e repentina angústia em mim. A introspecção não é capaz de diferenciar a minha reação neurológica a uma notícia muito ruim de minha reação neurológica à abertura da ópera *A flauta mágica* de Mozart. Se eu fosse julgar simplesmente pelas sensações, deveria chegar à conclusão absurda de que a alegria e a angústia são o mesmo, que aquilo que mais temo é o mesmo que mais desejo. A introspecção não encontra nada mais ou diferente em um ou no outro. Imagino então que a maioria de vocês, cultivando o hábito de perceber essas coisas, vai dizer mais ou menos a mesma coisa.

Vamos agora dar um passo adiante. Essas sensações — A náusea de Pepys e a minha palpitação — não acompanham meramente experiências muito diferentes como se fossem uma adição neutra irrelevante. Podemos ter certeza de que Pepys odiou essa sensação quando veio em forma de mal-estar e sabemos, por suas próprias palavras, que ele gostou disso quando veio junto com os instrumentos de sopro, pois ele tomou as medidas no sentido de garantir a possibilidade de ter essa sensação outra vez. Eu igualmente amo esse tremor interno em um contexto e o chamo de prazer, mas o odeio em outro contexto, chamando-o de tristeza. Não é um mero sinal de alegria ou de angústia; ele se torna o que significa. Assim, quando a alegria flui para os nervos, esse transbordamento é sua consumação; quando a angústia flui da mesma maneira, esse sintoma físico é o coroamento do horror. O que faz a mais doce gota de todas cair no cálice doce também faz a gota mais amarga cair no cálice do amargor.

Sugiro que este é o lugar onde encontramos o que procurávamos. Considero nossa vida emocional mais "elevada" do que a vida de nossas sensações — não, é claro, moralmente mais elevada, porém, mais rica, variada e intangível. E esse é o nível mais elevado que quase a maioria de nós conhece. Creio que se alguém observar cuidadosamente a relação entre suas emoções e suas sensações vai descobrir os seguintes fatos. (1) Que os nervos reagem às emoções da maneira mais adequada e elegante. (2) Que os recursos das sensações são mais limitados, as variações possíveis nos sentidos são menores do que os das emoções. E (3) que os sentidos compensam ao usar a *mesma* sensação para expressar mais do que uma emoção — até mesmo, como vimos, para expressar emoções opostas.

Tendemos a errar ao presumir que, se existe uma correspondência entre dois sistemas, deve ser uma correspondência de um a um — que *A* num sistema deve ser representado por *a* no outro, e assim por diante, mas a correspondência entre emoção e sensação não é desse tipo. Nunca poderá haver correspondência desse tipo quando um dos sistemas é realmente mais rico do que outro. Se o sistema mais rico será representado no sistema mais pobre, isso só poderá acontecer quando se der a cada elemento no sistema mais pobre mais do que um significado. A transposição do mais rico para o mais pobre deve, por assim dizer, ser algébrica, não aritmética. Se você precisa traduzir de uma língua que tem um vocabulário mais extenso para uma outra língua cujo vocabulário é menor, então deverá permitir o uso de diversas palavras em mais de um sentido. Se você escrever numa língua que tenha vinte quatro sons vocálicos num alfabeto com apenas cinco sinais vocálicos, então você terá permissão para dar a cada um dos cinco sinais mais do que um só valor. Se você faz uma versão para piano de uma peça musical originalmente arranjada para uma orquestra, então os mesmos acordes do piano que representam as flautas em uma passagem deverão também representar os violinos em outra.

Como esses exemplos mostram, estamos bem familiarizados com esse tipo de transposição ou de adaptação de um meio mais rico para um mais pobre. O exemplo mais familiar de todos é o da arte do desenho. O problema aqui é a representação do mundo tridimensional num simples pedaço de papel. A solução é a perspectiva, que significa que devemos dar mais do que um valor a uma forma bidimensional. Assim, no desenho de um cubo, usamos um ângulo agudo a fim de representar aquilo que é um ângulo reto no mundo real. No entanto, em outras partes do desenho um ângulo agudo no papel poderá representar aquilo que já era um ângulo agudo no mundo real, por exemplo, a ponta de uma lança ou a fachada de uma casa. A mesmíssima forma que você precisa desenhar para dar a ilusão de uma estrada reta se afastando do observador é também a forma pela qual você desenha um chapéu com ponta. Assim como acontece com as linhas, da mesma maneira ocorre com os tons. A luz mais brilhante na figura é, em fato real, apenas o papel branco, e isso deverá bastar para o Sol, ou para um lago na luz da noite, ou para a neve, ou para a carne humana.

Faço agora dois comentários sobre as ocorrências da Transposição que estão diante de nós:

1. Já está claro, em cada um dos casos, que aquilo que acontece no meio inferior só pode ser compreendido se conhecermos o meio superior. A área em que este conhecimento é mais comumente falho é a musical. A versão para o piano que quer dizer uma coisa para o músico que conhece o arranjo orquestral original, e outra coisa para a pessoa que a ouve simplesmente como uma peça para piano, sendo que esta que só ouve estaria em desvantagem ainda maior se nunca tivesse ouvido qualquer outro instrumento, exceto o piano, e se até mesmo duvidasse da existência de outros instrumentos. Mais ainda, nós

entendemos as figuras somente porque conhecemos e habitamos o mundo tridimensional. Se pudermos imaginar uma criatura que percebe apenas as duas dimensões e que ainda pode, de alguma maneira, saber das linhas à medida que se arrasta sobre elas no papel, veríamos facilmente como é impossível para ela entender. A princípio, ela poderia estar preparada para aceitar nosso argumento de autoridade garantindo que existe um mundo tridimensional, mas quando apontássemos as linhas no papel e tentássemos explicar, por exemplo, que "isso é uma estrada", ela não iria responder que a forma a qual insistimos que aceite como uma revelação de nosso misterioso outro mundo era exatamente a mesma forma que, já havíamos mostrado, significava nada mais do que um triângulo em outro lugar. Assim, imagino que ela diria: "Você insiste em me contar sobre esse outro mundo e suas inimagináveis formas sólidas. Entretanto, não é muito suspeito que todas as formas as quais você me oferece como imagens ou reflexos das imagens sólidas, quando verificadas, tornam-se simplesmente as velhas formas bidimensionais do meu próprio mundo, como sempre o conheci? Não é óbvio que esse seu maravilhoso outro mundo, longe de ser o arquétipo, é um sonho que empresta todos os seus elementos deste que é real?"

2. É importante observar que a palavra *simbolismo* não é adequada em todos os casos para cobrir a relação entre o meio mais elevado e a sua Transposição para o inferior. Ela cobre alguns casos de modo perfeito,

mas não outros. Assim, a relação entre o discurso e a escrita é de simbolismo. Os caracteres escritos existem exclusivamente para os olhos, as palavras pronunciadas existem somente para os ouvidos. Há uma completa descontinuidade entre eles. Ambos não são iguais, nem mesmo um é a causa da existência do outro. Um deles é simplesmente um *sinal* do outro e significa isso por meio de uma convenção, mas uma gravura não se relaciona com o mundo visível exatamente do mesmo modo. As figuras são elas mesmas partes do mundo visível e o representam somente por serem parte dele. Sua visibilidade tem a mesma fonte. Os sóis e as lâmpadas nas pinturas parecem brilhar somente porque os sóis reais ou as lâmpadas brilham sobre eles; ou seja, eles parecem brilhar bastante porque realmente brilham um pouco ao refletir os seus arquétipos. A luz do sol numa pintura, portanto, não está relacionada ao brilho do sol real, assim como as palavras escritas estão relacionadas às que foram pronunciadas. É um sinal, mas também algo mais que um sinal, e é apenas um sinal por ser também mais do que um sinal, porque nele a coisa significada está realmente de certo modo presente. Se tivesse de nomear essa relação eu a chamaria sacramental e não simbólica. Contudo, no caso pelo qual começamos — o caso da emoção e da sensação — estamos até mesmo muito além de mero simbolismo, pois, como vimos, uma mesma sensação não somente acompanha, nem meramente significa, emoções diversas opostas, mas se torna parte delas. A emoção que desce pelo corpo, por assim dizer, até a sensação, e a digere, transforma e transubstancia, de modo que a mesma emoção que percorre o sistema nervoso *é* prazer ou *é* agonia.

Não sustentarei aqui que aquilo que eu chamo de Transposição seja a única maneira possível pela qual o meio mais pobre possa responder a um mais rico; eu argumento que é difícil imaginar algum outro meio. Portanto, ao menos não é improvável que a Transposição ocorra sempre que o mais elevado reproduz a si mesmo no inferior. Dessa forma, fazendo uma pequena digressão, parece-me muito provável que a real relação entre a mente e o corpo seja uma relação de Transposição. Estamos certos de que, pelo menos nesta vida, o pensamento está intimamente conectado com o cérebro. A teoria que afirma que o pensamento é meramente movimento no cérebro é, na minha opinião, absurda, pois, se assim fosse, essa mesma teoria seria meramente um movimento, um evento entre átomos, que pode ter velocidade e direção, mas a respeito do qual seria sem sentido usar as palavras "verdadeiro" ou "falso". Desse modo, nós somos impelidos a um tipo de correspondência, mas, se assumimos uma correspondência de um para um, significa que temos de atribuir uma complexidade quase extraordinária e uma variedade de eventos ao cérebro. No entanto, proponho que uma relação de um para um é provavelmente muito desnecessária. Todos os nossos exemplos sugerem que o cérebro pode responder — num sentido, correspondem adequada e elegantemente — à aparentemente infinita variedade de conscientizações, sem oferecer uma única modificação física para cada uma das modificações de conscientização.

Isso, porém, é uma digressão. Retornemos agora à nossa questão original sobre o Espírito e a Natureza, sobre Deus e o Ser Humano. Nosso problema era que naquilo que afirmamos ser a nossa vida espiritual todos os elementos de nossa vida natural reaparecem e, o que é pior, à primeira vista, nenhum outro elemento está presente. Agora vemos que se a vida espiritual é mais rica do que a natural (como ninguém que acredita em sua existência iria negar), então isso é exatamente o que deveríamos esperar. A conclusão do cético, de que aquilo que é chamado espiritual é realmente derivado do natural, que é uma miragem, uma projeção ou uma extensão imaginária do natural, é também exatamente o que deveríamos esperar, pois, como já vimos, este é um equívoco que o observador que conhece somente o meio inferior faria em cada caso da Transposição. O homem bruto não pode encontrar no amor, pela análise, outra coisa senão a luxúria; a pessoa que mora na planície não é capaz de encontrar numa pintura algo senão suas formas planas; a fisiologia não pode encontrar no pensamento qualquer coisa senão os impulsos da matéria cinzenta. Não adianta tentar intimidar o crítico que aborda uma Transposição a partir do que é inferior. Com a evidência a ele disponível, sua conclusão é a única possível.

Tudo é diferente quando você aborda a Transposição a partir daquilo que é superior, assim como todos nós fazemos no caso da emoção e da sensação, ou do mundo tridimensional e das figuras, e como a pessoa que é espiritual faz no caso que estamos considerando. Aqueles que falavam em línguas, assim como fazia o apóstolo Paulo, podiam compreender muito bem como o fenômeno santo diferia do fenômeno histérico — embora deva ser lembrado, em certo sentido, ambos eram exatamente o mesmo fenômeno, da mesma maneira que a mesma sensação veio a Pepys quando estava apaixonado, ao apreciar a música, e ao sentir-se doente. Coisas espirituais são discernidas espiritualmente, mas quem é espiritual discerne todas as coisas, e ele mesmo por ninguém é discernido.

Quem, porém, ousa ser uma pessoa espiritual? No sentido completo, nenhum de nós. Ainda assim, de alguma forma, estamos cientes de que abordamos pelo menos algumas das transposições que compõem a vida cristã neste mundo a partir do que é superior, ou do lado de dentro. Com qualquer que seja o sentido de indignidade, com qualquer que seja o sentido de ousadia, precisamos afirmar que conhecemos um pouco do sistema superior que está sendo transposto. De certa maneira, a afirmação que estamos fazendo não é nada muito surpreendente. Estamos somente afirmando saber que a nossa aparente devoção, o que quer que tenha sido, não era simplesmente erótica, ou que o nosso aparente desejo pelo Céu, o que quer que tenha sido, não era simplesmente um desejo pela longevidade, joias ou pelo esplendor social. Talvez nunca tenhamos realmente chegado perto daquilo que o apóstolo Paulo descreveu como vida espiritual, mas ao menos sabemos, de maneira obscura e confusa, que estamos tentando usar fatos, imagens e linguagem natural com um novo valor, temos desejado pelo menos um arrependimento que não era somente preventivo e um amor que não era centralizado em si mesmo. Na pior das hipóteses, sabemos o bastante das coisas espirituais de modo que temos conhecimento de que falhamos, como se a figura soubesse o suficiente do mundo tridimensional para ter consciência de ser plana.

Não é apenas por causa da humildade (é claro) que devemos enfatizar a obscuridade de nosso conhecimento. Em minha suposição, a não ser por milagre divino, a experiência espiritual jamais pode suportar a introspecção. Se até mesmo as nossas emoções não farão isso (uma vez que a tentativa de encontrar aquilo que estamos *sentindo* agora resulta em nada além de uma sensação física), muito menos as operações do Espírito Santo. A tentativa de descobrir pela análise introspectiva a nossa própria condição espiritual é para mim uma coisa horrível que revela, na melhor das hipóteses, não os segredos do Espírito de Deus e do nosso espírito, mas suas transposições no intelecto, emoção e imaginação e que, na pior das hipóteses, pode ser o caminho mais curto para a presunção ou o desespero.

Acredito que essa doutrina da Transposição fornece para a maioria de nós um contexto muito necessário para a virtude teológica da Esperança. Podemos ter esperança somente daquilo que desejamos, e o problema é que qualquer noção adulta e filosoficamente respeitável que podemos formar sobre o Céu é forçada a negar daquele estado a maior parte das coisas que a nossa natureza deseja. Existe, não há dúvida, uma fé abençoadamente ingênua, a fé de uma criança ou uma fé rude, que não encontra dificuldades. Aceita, sem questionar com perguntas embaraçosas, as harpas, as ruas de ouro e as reuniões de família retratadas por autores de hinos. Tal fé é ilusória, no entanto, apesar de que não num sentido mais profundo, pois enquanto erra ao confundir o símbolo com o fato, ainda assim apreende o Céu como alegria, plenitude e amor. Contudo, ela é difícil para a maioria de nós e não devemos tentar, por artifício, fazer de nós mesmos mais ingênuos do que somos. Um homem não se "torna como uma criança" ao imitar a infância. Assim, a nossa noção de Céu envolve negações perpétuas; não haverá comida ou bebida, não haverá sexo, movimento, não haverá alegria, nem eventos, não haverá tempo, nem arte.

Contra tudo isso, por outro lado, ela envolve também algo positivo: a visão e a satisfação com Deus que, uma vez sendo um bem infinito, sustentamos (corretamente) que tem maior peso do que todos os outros. Assim, a realidade da Visão Beatífica iria ou irá compensar, e o fará infinitamente, a realidade das negações. No entanto, a nossa noção atual dela pode compensar a nossa noção atual das negações? Essa é uma pergunta totalmente diferente, e, para a maioria de nós, na maior parte do tempo, a resposta é negativa. Não sei como os grandes santos e místicos lidam com isso, mas, para os demais a concepção dessa Visão é uma extrapolação evasiva, precária e fugaz de poucos e ambíguos momentos em nossa experiência terrena, enquanto a nossa ideia dos bens naturais negados é vívida e persistente, carregada com as memórias de uma vida inteira, construída em nossos nervos e músculos e, portanto, em nossas imaginações.

Dessa forma, as negações têm, por assim dizer, uma vantagem injusta em toda competição com o positivo e o que é pior, sua presença — especialmente quando mais resolutamente tentamos suprimi-las ou ignorá-las — arruína até mesmo uma noção fraca e tênue do positivo que possamos ter. A exclusão dos bens inferiores começa a parecer a característica essencial do bem superior. Sentimos, se não falamos, que a visão de Deus virá não para cumprir, mas para destruir nossa natureza; essa fantasia desoladora frequentemente ressalta o nosso uso de palavras tais como "santo", "puro" ou "espiritual".

Não devemos permitir que isso aconteça, se pudermos possivelmente o impedir. Precisamos crer — e, portanto, em certo sentido imaginar — que cada negação será apenas o inverso de um cumprimento. O sentido que devemos dar a isso é o de cumprimento, precisamente, de nossa humanidade, e não a nossa transformação em anjos nem nossa absorção na divindade, pois, embora seremos "como os anjos" e feitos "semelhantes" ao nosso Mestre, acredito que isso significa "semelhança com a semelhança própria de seres humanos", como instrumentos diferentes que tocam o mesmo ar, mas cada um de sua própria maneira. Não sabemos até que ponto a vida do ser humano ressurreto será sensorial. Contudo, suponho que será diferente da vida sensorial que conhecemos aqui, não como o vazio difere da água, ou a água do vinho, mas como a flor difere de um bulbo, ou uma catedral do desenho do arquiteto. É neste ponto que a Transposição me auxilia.

Vamos compor uma fábula. Visualizemos uma mulher jogada numa masmorra. Ali, ela dá à luz e cria um filho. Ele cresce vendo nada além das paredes da masmorra, a palha no chão, e um pequeno pedaço do céu através das grades de uma janela, que está tão alta que não mostra nada além do céu. Essa mulher infeliz era uma artista e, quando foi aprisionada, conseguiu trazer consigo um caderno de desenho e uma caixa com lápis. Como nunca perdeu a esperança de libertação, ela constantemente ensina o filho a respeito do mundo exterior, que ele nunca viu. Ela faz isso principalmente ao desenhar gravuras para ele. Com seu lápis, ela tenta mostrar a ele como são os campos, rios, as montanhas, cidades e as ondas na praia. Ele é um menino obediente e se esforça ao máximo para acreditar na mãe quando ela lhe diz que o mundo exterior é muito mais interessante e glorioso que qualquer coisa na masmorra. Às vezes, ele é capaz de crer. No todo, ele convive com ela de modo tolerável, até que um dia, ele diz algo que faz sua mãe parar por um instante. Por alguns minutos eles então não conseguem se entender. Finalmente, ela percebe que ele viveu todos esses anos tendo uma ideia equivocada. "Mas", ela suspira, "você achou mesmo que o mundo real estava cheio de linhas desenhadas por um lápis de grafite?" "O quê?", diz o menino, "Não tem marcas de lápis lá?" Instantaneamente, toda a sua noção do mundo exterior se torna uma folha em branco, pois as linhas, pelas quais somente ele imaginava o mundo, estavam agora negadas a ele. Ele não tem a menor ideia daquilo que excluirá e dispensará as linhas, daquilo para o que as linhas eram meramente uma transposição — dos topos das árvores balançando, da luz dançando no açude, das realidades tridimensionais coloridas que não estão representadas nas linhas, mas definem suas próprias formas a cada momento com uma delicadeza e multiplicidade que nenhum desenho jamais seria capaz de capturar. A criança ficará com a impressão de que o mundo real é de alguma forma menos visível que os desenhos de sua mãe. Na realidade, há carência de linhas porque o mundo é incomparavelmente mais visível.

Assim acontece conosco. "Ainda não se manifestou o que havemos de ser"; mas podemos estar certos de que seremos mais, não menos, do que éramos no mundo. As nossas experiências (sensoriais, emocionais, imaginativas) são apenas como desenhos, como linhas feitas com grafite num papel plano. Se elas desaparecerem na vida ressuscitada, desaparecerão apenas como as linhas de lápis desaparecem do panorama real, não como uma luz de vela que é apagada, mas como uma luz de vela que se torna invisível depois que alguém abriu as cortinas, abriu as janelas e deixou entrar a intensa luz do sol que se levanta.

Você pode explicar do modo que achar melhor. Poderá dizer que pela Transposição a nossa humanidade, os nossos sentidos e tudo mais podem se tornar um veículo de bem-aventurança. Ou poderá dizer que as bênçãos celestiais são incorporadas pela Transposição durante esta vida em nossas experiências temporais, mas o segundo modo é o melhor. É a vida atual que é a expressão diminuta, o símbolo, a descoloração, o (se fosse) substituto "vegetariano". Se carne e sangue não podem herdar o Reino, não é por serem muito sólidos, muito densos, muito diferentes, muito "cheios de vida". São muito frágeis, muito transitórios, muito fantasmagóricos.

Tendo dito isso, afirmo, como os advogados o fazem, dou o caso por encerrado, embora tenha ainda quatro pontos a acrescentar:

1. Espero que tenha ficado muito claro que a concepção de Transposição, como eu a chamo, é distinta de outra concepção frequentemente usada para o mesmo propósito — quero dizer, a concepção do desenvolvimento. O desenvolvimentista explica a continuidade entre as coisas que afirmam ser espirituais e as que são certamente naturais, ao dizer que as naturais gradativamente se tornam espirituais. Acredito que essa perspectiva explica alguns fatos, mas penso que tem sido muito exagerada. De qualquer forma, não é essa a teoria que proponho. Não estou dizendo que o ato natural de comer floresce de alguma forma no sacramento cristão depois de milhões de anos. Estou dizendo que a Realidade Espiritual, que existia antes que houvesse criaturas que comiam, dá a esse ato natural um novo sentido e, mais do que um novo sentido, faz com que ele, num certo contexto, seja algo diferente. Numa palavra, penso que panoramas reais entram em gravuras, não que as gravuras irão algum dia brotar como árvores e grama reais.

2. Ao pensar naquilo que chamo de Transposição, acho que é impossível não perguntar a mim mesmo se ela poderia nos ajudar a considerar a Encarnação, pois se a Transposição fosse meramente um modo de simbolismo, ela não seria capaz de nos dar ajuda nessa questão, pelo contrário, nos desencaminharia completamente, de volta a um tipo novo de docetismo (ou seria apenas o da velha espécie?) e para longe da realidade totalmente histórica e concreta, que é o centro de toda nossa esperança, fé e amor. No entanto, como comentei antes, a Transposição nem sempre é símbolo. Em graus variados, a realidade inferior pode ser retratada na superior e se tornar uma parte disso. A sensação que acompanha a alegria se torna, ela mesma, alegria; dificilmente poderíamos deixar de dizer que ela "encarna a alegria". Se for assim, então me arrisco a afirmar, embora com grande dúvida e da maneira mais provisória, que o conceito da Transposição talvez tenha algumas contribuições a fazer para a teologia — ou, pelo menos, para a filosofia — da Encarnação. Em um dos credos, somos advertidos de que a Encarnação funciona "não pela conversão da divindade em carne, mas ao tomar a humanidade para dentro de Deus". Parece-me haver uma analogia verdadeira entre a Encarnação e o que chamo de Transposição; que a humanidade, permanecendo o que é, não é meramente considerada divindade, mas é verdadeiramente absorvida para dentro dela, parece-me algo que acontece quando a sensação (não em si mesma um prazer) é absorvida na alegria que ela acompanha. No entanto, estou andando *in mirabilibus supra me* [em

maravilhas que estão acima de mim] e entrego tudo isso ao veredicto dos verdadeiros teólogos.

3. Tentei enfatizar ao longo deste ensaio a inevitabilidade do erro feito sobre cada transposição por aquele que a aborda unicamente a partir do meio inferior. A força de tal crítico está nas palavras "meramente" ou "nada além". O crítico vê todos os fatos, mas não o que significam. Muito verdadeiramente, portanto, ele afirma ter visto todos os fatos. Não *há* nada mais ali, a não ser o significado. Assim, ele está, no que se refere ao assunto em pauta, na posição de um animal. Você notará que a maioria dos cães não entende o ato de *apontar*. Você aponta para um pouco de comida no chão; o cão, em lugar de olhar para o chão, cheira seus dedos. Um dedo é um dedo para ele, e acabou. Seu mundo é todo feito de fatos e não de significado, e num período em que o realismo factual é dominante, encontraremos pessoas induzindo deliberadamente a si mesmas a partir dessa mente semelhante à do cachorro. Um homem que tenha experimentado o amor como experiência interna, irá deliberadamente continuar a inspecioná-lo analiticamente do lado externo e considerará os resultados dessa análise mais verdadeiros que sua experiência. O limite extremo dessa autolimitação pode ser visto naqueles que, como o resto de nós, têm consciência, ainda que estudem o organismo humano como se não soubessem que ele é consciente. Enquanto essa recusa deliberada de compreender as coisas do alto continuar, mesmo quando esse entendimento

for possível, será inútil falar de qualquer vitória final sobre o materialismo. A crítica de toda experiência inferior, a ignorância voluntária do significado e a concentração no fato, terão sempre a mesma plausibilidade. Sempre haverá evidência, e evidência nova a cada mês, para demonstrar que a religião é apenas psicológica, que a justiça é somente autoproteção, que a política é apenas economia, que o amor é somente luxúria e que o próprio pensamento é simplesmente bioquímica cerebral.

4. Finalmente, sugiro que o que foi dito sobre a Transposição lança nova luz sobre a doutrina da ressurreição do corpo, pois, num certo sentido, a Transposição pode fazer qualquer coisa. Ainda que seja grande a diferença entre o Espírito e a Natureza, entre a alegria estética e aquela palpitação, entre a realidade e a gravura, ainda assim a Transposição pode ser à sua maneira suficiente. Eu disse, anteriormente, que em seu desenho você tinha somente um simples papel em branco para rabiscar o Sol e as nuvens, a neve, a água e a carne humana. Quão tristemente insuficiente! Mas, em outro sentido, quão perfeito. Se as sombras forem feitas de maneira apropriada, aquele pedaço de papel branco será, de modo curioso, como o Sol incandescente; quase que sentimos frio ao olhar para a neve feita no papel e quase aquecemos nossas mãos no fogo desenhado no papel. Será que não podemos supor igualmente, por meio de uma analogia razoável, que não existe nenhuma experiência do espírito tão transcendente e sobrenatural, nenhuma visão da Própria Divindade tão

próxima e tão afastada de todas as imagens e emoções, que para ela não haja uma correspondência apropriada no nível sensorial? E também supor isso não seria por meio de um novo significado, mas pela irrupção incrível dessas mesmas sensações que nós temos agora com um significado, uma avaliação com outros padrões, da qual não temos aqui a menor ideia?

CAPÍTULO 5

Teologia

é poesia?

A questão que me pediram para discutir nesta noite — "Teologia é poesia?" — não é uma escolha minha. Na verdade, vejo-me na posição de um candidato num exame e devo obedecer à recomendação de meus tutores, primeiramente ao me certificar de que sei o que esta questão significa.

Por *Teologia* queremos dizer, suponho, a série de afirmações sistemáticas sobre Deus e sobre o relacionamento deste com o ser humano, que constitui a linguagem dos fiéis de determinada religião. E num artigo enviado a mim por este Clube[1] posso presumir que Teologia significa principalmente a Teologia cristã. Sou audacioso ao presumir isso porque um pouco do que penso a respeito de outras religiões aparecerá naquilo que tenho a dizer. Também devemos ter em mente que grande parte das religiões

---

[1]Clube Socrático: um clube de debate fundado como uma sociedade estudantil na Universidade de Oxford onde era discutido os desafios intelectuais ligados à fé cristã. [N. E.]

do mundo não têm uma teologia. Não havia declarações reunidas de forma sistemática com as quais os gregos concordavam em sua crença em Zeus.

O outro termo, *Poesia*, é muito mais difícil de definir, mas acredito que posso supor a questão que meus examinadores tinham em mente mesmo sem uma definição. Existem algumas coisas de que certamente não estavam indagando, por exemplo, se a Teologia está escrita em forma de versos. Não estavam me perguntando também se a maioria dos teólogos é composta por mestres de um estilo "simples, sensível e passional". Acredito que queriam dizer: "Teologia é *meramente* poesia?" Isso pode ser expandido: "Será que a Teologia nos oferece, na melhor das hipóteses, somente o tipo de verdade que, segundo alguns críticos, a poesia nos oferece?" A primeira dificuldade em responder à questão assim formulada é que não estamos de acordo, de modo geral, quanto ao que "verdade poética" significa, ou se realmente existe algo do tipo. Portanto, será melhor usar neste ensaio uma noção muito vaga e modesta de poesia, simplesmente como *uma escrita que desperta e, em parte, satisfaz a imaginação*. Assim, penso, a questão que devo responder é a seguinte: A Teologia cristã deve sua atratividade a seu poder de despertar e satisfazer a nossa imaginação? Aqueles que acreditam no que ela diz confundem satisfação estética com concordância intelectual, ou concordam porque lhes traz satisfação?

Confrontado com essa questão, naturalmente passo a inspecionar o cristão que conheço melhor — eu mesmo. E o primeiro fato que descubro, ou pareço descobrir, é que, pelo menos para mim, se Teologia é Poesia, não é poesia muito boa.

Se a doutrina da Trindade for considerada poesia, para mim ela parecerá como algo que falha duplamente. Não terá nem a grandeza monolítica de concepções estritamente unitárias nem a riqueza do politeísmo. A onipotência de Deus não é, para o meu gosto, um diferencial poético. A luta de Odin contra inimigos que não são suas criaturas e que, de fato, o derrotarão no final, evidencia um apelo heroico que o Deus dos cristãos pode não ter. Há, também, uma certa esterilidade no retrato cristão do universo. Um estado futuro e ordens de criaturas sobre-humanas são apresentados, mas são dadas apenas indicações mínimas quanto à sua natureza. Finalmente, e o pior de tudo, apesar de estar cheia de elementos trágicos, ainda assim, toda a história cósmica não é apresentada como tragédia. O cristianismo não oferece nem as atrações do otimismo nem do pessimismo. Representa a vida do universo como algo muito semelhante à vida mortal do ser humano neste planeta — "as histórias de nossa vida são tecidas por fios — bons e maus".[2] As simplificações majestosas do panteísmo e a floresta retorcida do animismo pagão me parecem, em seus modos distintos, bem mais atraentes. O cristianismo deixa de lado o asseio de um e a variedade deliciosa do outro. Pois eu entendo que haja duas coisas

---

[2] Frase da peça de Shakespeare: *All's Well that Ends Well* [Bem está o que bem acaba ou Tudo está bem quando termina bem], Ato IV, cena 3. [N. E.]

que a imaginação adora fazer. A imaginação adora abraçar seu objeto completamente, contemplá-lo com um mesmo olhar e vê-lo como algo harmonioso, simétrico e autoexplicativo. Essa é a imaginação clássica para a qual o Pártenon foi construído, e que também gosta de se perder no labirinto, ao se render àquilo que é complexo. Essa é a imaginação romântica para a qual *Orlando Furioso* foi escrito, embora a Teologia cristã não atenda bem a nenhuma delas.

Se o cristianismo é só mitologia, então acho que a mitologia na qual eu creio não é a que eu mais gosto. Eu acho a mitologia grega muito melhor, a irlandesa melhor ainda, e a melhor de todas é a mitologia nórdica.

Após ter feito essa introspecção, passo a indagar o quanto meu caso é peculiar ou não. Não parece, certamente, algo singular. Não é de todo claro que a imaginação do ser humano sempre tenha se encantado com a maioria das figuras sobrenaturais nas quais acreditou. Entre os séculos doze e dezessete, a Europa pareceu ter encontrado um prazer inesgotável na mitologia clássica. Se os números e o entusiasmo por pinturas e poemas tivessem de ser o critério para a crença, deveríamos concluir que esses séculos foram pagãos, o que sabemos não ser verdadeiro.

Aparentemente a confusão entre satisfação imaginativa e concordância intelectual, da qual os cristãos são acusados, não é algo comum ou fácil como as pessoas supõem. Acredito que até mesmo crianças raramente sofrem disso. Fingir que são ursos ou cavalos é algo que agrada sua imaginação, mas não me recordo de alguma vez ver uma criança sob o menor efeito sequer de um delírio. Mas, será que não existe alguma coisa na fé que seja hostil à perfeita satisfação imaginativa? Os ateus sensíveis e cultos parecem, por vezes, apreciar o aparato estético do cristianismo de uma maneira que o cristão pode apenas invejar. Os poetas modernos certamente apreciam os deuses gregos de uma maneira da qual não encontro o menor vestígio na literatura grega. Que cena mitológica na literatura antiga pode se comparar por um momento sequer com o *Hyperion*, de Keats? De certo modo, arruinamos uma mitologia feita para propósitos imaginativos quando cremos nela. As fadas são populares na Inglaterra porque não achamos que elas existem; não são nada divertidas em Arran ou em Connemara.

No entanto, preciso me policiar para não ir longe demais. Sugeri que a crença arruína um sistema ligado à imaginação "em certo sentido". Mas, não em todos os sentidos. Se chegasse a crer em fadas, eu iria quase certamente perder o prazer típico que agora desfruto delas quando leio *Sonho de uma noite de verão*. Mas, posteriormente, quando as fadas em que eu cresse tivessem se assentado como habitantes de meu universo real e tivessem se conectado plenamente com outras partes do meu pensamento, um novo prazer poderia surgir. A contemplação daquilo que tomamos como real é sempre, em mentes toleravelmente sensíveis, penso eu, assistida por certo tipo de satisfação estética — um tipo que depende precisamente de sua suposta realidade. Há uma dignidade e pungência pelo simples fato de que algo existe. Dessa forma, como Balfour indicou em *Theism and Humanism* [Teísmo e humanismo] (um livro pouco lido), existem muitos fatos históricos que não deveríamos aplaudir por causa da obviedade de qualquer humor ou *páthos*, se supusermos que sejam invenções; mas, uma vez que cremos que sejam reais, temos, em adição à nossa satisfação intelectual, certo prazer estético ao pensar neles. A história da guerra de Troia e a história das guerras napoleônicas, ambas têm um efeito estético sobre nós. E os efeitos são diferentes. E essa diferença não depende, exclusivamente, daquelas diferenças que iriam fazer delas diferentes como histórias se não crêssemos. O *tipo* de prazer que as guerras napoleônicas oferecem apresenta-se diferente simplesmente porque cremos nesse acontecimento. Uma ideia crida é *sentida* de forma diferente de uma ideia que não é para ser crida. E esse gosto peculiar do cristão nunca está, em minha experiência, sem certo tipo de satisfação imaginativa. Portanto, é bem verdadeira a ideia de que os cristãos têm prazer, esteticamente, na sua imagem do mundo, uma vez que a tenham aceitado como verdade. Todas as pessoas têm satisfação na imagem de mundo que aceitam, pois a gravidade e a finalidade daquilo que existe são, em si mesmas, um estímulo estético. Nesse sentido, o cristianismo, a devoção à Força Vital, o marxismo, e o freudianismo tornam-se "poéticos" para seus seguidores. Mas isso não significa que seus adeptos os tenham escolhido por essa razão. Pelo contrário, esse tipo de poesia é o resultado, não a causa, da crença. A Teologia é, nesse sentido, poesia para mim porque eu creio nela; eu não creio nela por ser poesia.

A acusação de que a Teologia é mera poesia, se isso significa que os cristãos creem nela por a acharem, antes da fé, a mais atraente das imagens poéticas existentes do mundo, me parece, assim, implausível ao extremo. Até pode ser que haja evidência para esse tipo de acusação que eu desconheça, mas a evidência que conheço atesta contra essa insinuação.

Claro que não estou defendendo a ideia de que a Teologia, mesmo antes de você crer nela, esteja totalmente desprovida de valor estético. Todavia, não julgo que isso seja superior, nesse sentido, à maioria de seus rivais. Considere, por um momento, a grandiosa afirmação de um de seus principais rivais contemporâneos — aquilo que poderíamos chamar, de forma geral, de "Perspectiva Científica",[3] o retrato do Sr. [H. G.] Wells e do restante. Supondo que isso seja um mito, seria ele um dos melhores mitos que a imaginação humana já teria produzido? O drama seria precedido pelo mais austero de todos os prelúdios: o vazio infinito e a matéria se movendo inquieta para produzir aquilo de que não tem a menor ideia que seja. Então, num acaso percentual de um para milhões de milhões — que ironia trágica —, as condições em um ponto do espaço e do tempo borbulham numa pequena fermentação, que é o início da vida. Tudo parece estar contra o herói infante de nosso drama — assim como tudo parece estar contra o filho mais novo ou a enteada explorada na abertura de um

---

[3]Não estou sugerindo que toda a comunidade científica acredita nisso. O aprazível nome "Wellsianity" [Wellsianidade] (que um outro membro inventou durante a discussão [no Clube Socrático]) teria sido bem melhor do que "Perspectiva Científica". *Principles of Literary Criticism* [Princípios de crítica literária] (1924). Cap. XI.

conto de fadas. Mas, de alguma forma a vida é vitoriosa. Com sofrimento infinito, contra todos os obstáculos insuperáveis, ela se espalha, recria-se e se torna complexa, de uma ameba a uma planta, até chegar a ser um réptil, até se tornar um mamífero. Vislumbramos, brevemente, a era dos monstros. Dragões ocupam a Terra, devoram uns aos outros e morrem. Volta então o tema do filho mais novo e do patinho feio. Assim como a chama da vida começou fraca e pequena no meio de imensa hostilidade dos seres inanimados, mais uma vez, em meio a animais maiores e mais fortes, surge uma pequena criatura, nua, tremendo e atemorizada, capengando, ainda não ereta, sendo a promessa de coisa nenhuma, o produto do acaso, de um para milhões de milhões. Ainda assim, ela prospera. Torna-se o Homem das Cavernas com seu bastão e pedra lascada, murmurando e rugindo sobre os ossos de seus inimigos, arrasta pelos cabelos (nunca consegui entender o motivo) sua companheira que grita, despedaça seus filhos num surto de ciúmes, até que um deles fica velho o bastante para matá-lo e despedaçá-lo também, atemorizado diante dos horríveis deuses que ele criou à sua própria imagem. Mas isso tudo são apenas as dores do crescimento. Espere até o próximo ato. Agora, ele se torna o verdadeiro Ser Humano. Aprende a dominar a Natureza. A Ciência vem e dissipa todas as superstições de sua infância. Cada vez mais ele se torna o controlador de seu próprio destino. Atropelando o presente (pois este é meramente nada, pela escala de tempo que estamos usando), você o segue no futuro. Vê-o no último ato, embora não a última cena, deste grande mistério. Uma raça de semideuses agora governa o planeta — e talvez mais do que o planeta —, pois a eugenia fez com que ficasse estabelecido que somente semideuses pudessem nascer, a psicanálise determinou que nenhum deles perderá ou manchará sua divindade, e o comunismo, que é tudo que a divindade requer, estará pronto em suas mãos. O Ser Humano foi entronizado. Daqui para diante, ele não terá nada mais a fazer, a não ser praticar a virtude, crescer em sabedoria, e ser feliz. E, agora, note o toque final de gênio. Se o mito parasse neste ponto, seria um tanto anticlimático. Não teria a marca da grandiosidade que a imaginação humana é capaz de produzir. A última cena inverte tudo. Estamos no *Crepúsculo dos Deuses*. Por todo esse tempo, silenciosamente, persistentemente, e fora do alcance do poder humano, a Natureza, o velho inimigo, está constantemente devorando tudo. O Sol esfriará — todos os sóis esfriarão — todo o universo entrará em colapso. A Vida (toda forma de vida) será banida, sem esperança de retorno, de cada centímetro do espaço infinito. Tudo termina no nada e uma "escuridão universal cobre todas as coisas". O padrão do mito se torna, assim, um dos mais nobres que podemos conceber. É o padrão de muitas tragédias elisabetanas, em que a carreira do protagonista pode ser representada por uma curva levemente ascendente e, então, por uma curva rapidamente descendente, com seu ponto máximo no quarto Ato. Você o vê subindo cada vez mais e, depois, brilhante em seu ponto mais elevado, para, finalmente, ser sobrepujado pela ruína.

Tal tipo de drama cósmico apela a tudo que existe em nós. A luta primordial do herói (um tema aprazivelmente duplicado, primeiro pela vida, depois pelo ser humano) tem um apelo à nossa generosidade. Sua exaltação futura dá abrangência a um otimismo razoável, pois o final trágico está tão distante que você não precisa lembrar-se dele constantemente — trabalhamos aqui com milhões de anos. E o término trágico fornece exatamente essa ironia, essa grandeza, que provoca nossa resistência, sem a qual todo o resto poderia simplesmente empalidecer. Há uma beleza nesse mito que merece um arranjo poético bem melhor do que o que recebeu até aqui; espero que algum grande gênio venha ainda a cristalizá-lo, antes que seja levado pelo incessante curso de mudança filosófica. Falo, é claro, da beleza que tem independentemente de você acreditar nele ou não. Disso posso falar por experiência, pois eu, que acredito em menos de metade do que ele me diz sobre o passado, e menos do que nada do que ele me diz acerca do futuro, fico profundamente movido ao contemplá-lo. A única outra história — a não ser que, de fato, seja uma versão da mesma história — que me move de modo semelhante é *Enden jah ich die Welt* [O anel do Nibelungo].

Não podemos, portanto, descartar a Teologia simplesmente porque ela não evita ser poética. Todas as perspectivas do mundo fornecem poesia àqueles que lhes dão crédito pelo mero fato de serem cridas. E quase todas possuem certos méritos poéticos, quer você creia nelas quer não. E é isso o que deveríamos esperar. O Ser Humano é um animal poético e não toca nada que ele não adorne.

Existem, porém, duas outras linhas de pensamento que podem nos levar a chamar a Teologia de mera poesia, e precisamos considerá-las agora. Em primeiro lugar, ela certamente contém elementos similares aos que encontramos em muitas religiões antigas e até mesmo primitivas. E esses elementos nas religiões antigas hoje nos parecem poéticos. A questão aqui é bem complicada. Consideramos agora a morte e o retorno de Balder uma ideia poética, um mito. Somos, assim, convidados a deduzir que a morte e a ressurreição de Cristo são também uma ideia poética, um mito. No entanto, não começamos realmente com a proposição "ambos são poéticos" e, assim, argumentando que, "portanto, ambos são falsos". Parte do aroma poético que pesa sobre Balder é, creio eu, devido ao fato de que já tenhamos concluído que não é possível crer nele. Dessa forma, o real ponto de partida do argumento é a descrença, e não a experiência poética. Mas, talvez, isso seja algo muito sutil, certamente uma sutilidade, e vou deixar isso de lado.

Que tipo de luz é projetada sobre a verdade ou falsidade da Teologia cristã pela ocorrência de ideias similares na religião pagã? Penso que a resposta foi muito bem dada há quatorze dias pelo Sr. Brown. Suponhamos, para propósitos de argumentação, que o cristianismo seja verdadeiro; então, ele poderia evitar toda coincidência com outras religiões somente pela suposição de que todas as outras religiões estão cem por cento erradas. A isso, vocês poderão lembrar, o professor H. H. Price respondeu em concordância com o Sr. Brown, dizendo: "Sim. Com essas semelhanças você poderá concluir não 'tão mal assim para o cristianismo', mas 'muito melhor para os pagãos'". A verdade é que essas semelhanças nada dizem nem a favor nem contra a verdade da Teologia cristã. Se você parte da premissa de que a Teologia é falsa, as semelhanças são muito coerentes com essa premissa. É de se esperar que criaturas da mesma espécie, quando estão diante do mesmo universo, façam as mesmas falsas afirmações mais de uma vez. Mas, se você parte da premissa de que a Teologia é verdadeira, as semelhanças se encaixam igualmente bem. Enquanto a Teologia diz que uma iluminação especial foi concedida aos cristãos e (anteriormente) aos judeus, também diz que existe uma iluminação divina concedida a todas as pessoas. A luz Divina, é-nos dito, "ilumina todos os homens". Deveríamos, portanto, esperar encontrar na imaginação de grandes mestres pagãos e fazedores de mitos algum lampejo daquele tema que acreditamos ser o próprio enredo de toda história cósmica — o tema da encarnação, morte e renascimento. E as diferenças entre os cristos pagãos (Balder, Osíris etc.) e o próprio Cristo é exatamente o que esperaríamos encontrar. As histórias pagãs são todas a respeito de alguém morrendo e voltando à vida, seja num acontecimento anual, ou em lugar e data desconhecidos. A história cristã fala de uma personagem histórica, cuja execução pode ser datada com boa precisão, sob a autoridade de um magistrado romano mencionado por nome, e a sociedade que ele fundou continua, até os dias de hoje, num relacionamento permanente com ele. Não se trata aqui da diferença entre falsidade e verdade, mas da diferença entre um evento real e, por outro lado, de sonhos contemplados ou premonições do mesmo evento. É como ver algo entrando gradativamente em foco; primeiro, está suspenso nas nuvens do mito e ritual, vasto e vago, depois ele condensa, materializa-se e, num sentido, torna-se pequeno, como um evento histórico na Palestina. Essa focalização gradual está em curso mesmo dentro da própria tradição cristã. As tradições presentes nas narrativas do Antigo Testamento contêm muitas verdades que estão expressas numa forma que eu considero lendária, ou mesmo mitológica — suspensa nas nuvens, mas gradativamente a verdade se condensa, tornando-se cada vez mais histórica. De coisas tais como a Arca de Noé, ou o Sol parado sobre o vale de Aijalom, você chega até as memórias da corte do rei Davi. Finalmente, você alcança o Novo Testamento, a história reina suprema e a Verdade se encarna. E "se encarna" é aqui mais do que uma metáfora. Não é uma semelhança acidental que aquilo que, do ponto de vista da existência, é afirmado com a forma "Deus se tornou Homem", deveria envolver, do ponto de vista do conhecimento humano, a afirmação o "Mito se tornou Fato". O significado essencial de tudo o que existe desceu do "céu" do mito para a "terra" da história. Ao fazer isso, ele parcialmente se esvaziou de sua glória, como Cristo esvaziou a si mesmo de sua glória para se tornar Homem. Essa é a real explicação do fato de que a Teologia, longe de derrotar seus rivais com uma poesia superior, é, num sentido superficial, ainda que bem real, menos poética do que aqueles. É por isso que o Novo Testamento é, no mesmo sentido, menos poético do que o Antigo Testamento. Será que você nunca sentiu no culto, que se a primeira leitura tem o efeito de causar em nós admiração, a segunda é de menor impacto em comparação — quase, se é que se pode dizer assim, que enfadonha? Mas assim é que deve ser. Essa é a humilhação do mito que se torna fato, do Deus que se torna Homem; aquilo que é, em todo lugar e sempre, sem imagem e inefável, apenas podendo ser vislumbrado em sonho e símbolo, tornando-se pequeno, sólido, no ato da poesia do ritual — do tamanho de um homem que pode pegar no sono num barco a remos no lago da Galileia. Você poderá dizer que isso, no fim das contas, é ainda assim poesia profunda. Não vou contradizê-lo. A humilhação leva a uma glória maior. Mas a humilhação de Deus e o encolhimento ou a condensação do mito, à medida que se tornam realidade, também são bastante reais.

Depois de mencionar o símbolo, volto-me à última proposição sob a qual irei considerar a acusação de "mera poesia". A Teologia certamente compartilha com a poesia o uso da linguagem metafórica ou simbólica. A Primeira Pessoa da Trindade não é o Pai da Segunda num sentido físico. A Segunda Pessoa não "desceu" à Terra no mesmo sentido de um paraquedista, nem subiu ao céu como um balão, nem se sentou literalmente à direita do Pai. Então, por que o cristianismo fala como se essas coisas tivessem acontecido? O agnóstico pensa que o cristianismo faz isso porque aqueles que o fundaram eram ingenuamente ignorantes e acreditavam em todas essas afirmações literalmente, e que nós, cristãos mais recentes, temos mantido o uso da mesma linguagem por timidez e conservadorismo. Somos frequentemente convidados, nas palavras do professor [H. H.] Price, a jogar fora a casca e manter o cerne. Existem duas questões envolvidas aqui.

1. Em que os cristãos antigos criam? Será que para eles Deus realmente tem um palácio material no Céu e que ele recebeu seu Filho num ornamentado trono colocado um pouco mais à direita de seu próprio? Ou será que não? A resposta é que a alternativa que lhes oferecemos provavelmente nunca esteve presente em sua mente. Logo que estivesse presente, saberíamos de que lado da cerca eles se posicionariam. Logo que o tema do antropomorfismo foi explicitamente colocado diante da Igreja no segundo século (penso eu), o antropomorfismo foi condenado. A Igreja conhecia a resposta (que Deus não tem um corpo e que, por essa razão, não poderia sentar num trono) tão logo a pergunta foi feita. Mas, até que a questão fosse levantada, é claro, as pessoas não criam nem em uma nem em outra resposta. Não existe erro mais enfadonho na história do pensamento do que tentar discernir o que nossos ancestrais pensavam sobre a distinção entre questões que nunca tiveram de decidir. Você faz uma pergunta para a qual não existe nenhuma resposta. É muito provável que a maior parte (quase certamente não todos) da primeira geração de cristãos jamais pensou sua fé sem o imaginário antropomórfico, que não estava explicitamente consciente, como o faria uma pessoa moderna, para a qual seria *mero* imaginário. Entretanto, isso não significa, em hipótese alguma, que a essência de sua crença estivesse preocupada

com detalhes a respeito de uma sala do trono celestial. Não era isso que eles valorizavam, ou pelo que estavam dispostos a morrer. Qualquer um deles que tivesse ido a Alexandria e obtido uma educação filosófica iria reconhecer esse imaginário imediatamente em seu próprio mérito e não teria sentido que sua crença tivesse sido alterada de uma maneira significativa. Meu quadro mental do que seria uma faculdade em Oxford, antes de eu ver alguma, era muito diferente da realidade nos detalhes físicos. No entanto, isso não significa que quando cheguei a Oxford tenha concluído que minha concepção geral daquilo que uma faculdade significa tenha sido um engano. Quadros mentais têm, inevitavelmente, acompanhado meu modo de pensar, mas nunca foram as coisas pelas quais tive meu principal interesse e muito do meu modo pensar tem sido corrigido apesar deles. O que você pensa é uma coisa; o que você imagina enquanto pensa é outra.

Os cristãos antigos não eram semelhantes a uma pessoa que confunde a casca pela noz, mas a uma pessoa que carrega uma noz que ainda não abriu. No momento em que quebrar a casca, saberá que parte deverá jogar fora. Até então, a pessoa mantém a noz, não porque seja tola, mas porque não é.

2. Somos convidados a reafirmar nossa crença de uma forma que seja livre de metáfora e símbolo. A razão de não o fazermos é que não podemos. Se preferir, podemos dizer que "Deus entrou na história" em vez de dizer que "Deus desceu à Terra". Mas, é claro, "entrou" é tão metafórico quanto "desceu". Você terá apenas substituído

o movimento horizontal ou indefinido pelo movimento vertical. Podemos tornar nossa linguagem mais monótona; não podemos torná-la menos metafórica. Podemos tornar os quadros mais prosaicos; não podemos ser menos ilustrativos. Como cristãos, não estamos sozinhos com essa inabilidade. Aqui está uma sentença de um famoso escritor anticristão, Dr. I. A. Richards: "Somente aquela parte da causa de um evento mental, que ocorre por meio de impulsos sensoriais (vindouros), ou através do efeito de impulsos sensoriais passados, pode ser tida como conhecida. A reserva, sem dúvida, envolve complicações".[4] Dr. Richards não quer dizer que a parte da causa "ocorre" no sentido literal da palavra *ocorre*, nem que isso aconteça *através* de um impulso sensorial do mesmo modo em que você poderia passar um pacote *através* de uma porta. Na segunda sentença, "A reserva envolve complicações", ele não quer dizer com isso que o ato de defender, ou reservar um assento no trem, ou num parque de diversões, realmente inicia um processo de rolagem, ou dobragem, ou de enrolar um conjunto de bobinas ou rolos. Em outras palavras, toda linguagem sobre coisas que não sejam objetos físicos é necessariamente metafórica.

Por todas essas razões, então, (embora muito antes de Freud soubéssemos que o coração é enganoso) penso que aqueles que aceitam a Teologia não estão necessariamente deixando-se guiar por gosto pessoal em lugar de pela razão.

---

[4] *Principles of Literary Cristicism* [Princípios de crítica literária] (1924). Cap. XI.

A figura, tão frequente, de cristãos se amontoando juntos numa faixa cada vez mais estreita de praia, enquanto a maré vindoura da "Ciência" se agiganta cada vez mais em nada corresponde à minha experiência. Aquele grande mito que apresentei para sua apreciação alguns minutos atrás não é para mim uma novidade hostil assaltando minhas crenças tradicionais. Pelo contrário, aquela cosmologia é o meu ponto de partida. Profunda desconfiança e o abandono dessa cosmologia precederam minha conversão ao cristianismo. Muito antes de crer que a Teologia é verdadeira, eu já havia decidido que, de qualquer forma, o quadro científico popular era falso. Uma incoerência absolutamente central o destrói; é aquela que abordamos há duas semanas.[5] O quadro todo professa depender de inferências a partir de fatos observados. Se a inferência não é válida, o quadro todo desaparece. Se não pudermos ter certeza de que a realidade na mais remota nebulosa, ou no lugar mais remoto, obedece às leis do pensamento do cientista humano aqui e agora em seu laboratório — em outras palavras, a não ser que a Razão seja absoluta —, tudo está em ruínas. No entanto, aqueles que me pedem para crer neste quadro do mundo também me solicitam que eu creia que a Razão é simplesmente o subproduto inesperado e não intencionado da matéria sem inteligência

---

[5] Isso ocorreu em 30 de outubro de 1944, quando o Dr. David Edwards leu para o Clube Socrático um ensaio intitulado: "A fé num Deus pessoal é compatível com o conhecimento científico moderno?" [N. E. na edição original].

em algum estágio de sua origem sem fim e sem propósito. Aqui está uma contradição em estado puro. No mesmo momento me pedem que aceite uma conclusão e que eu não dê crédito ao único testemunho no qual esta conclusão pode se basear. A dificuldade é fatal para mim; e o fato de que ao colocar isso para muitos cientistas, longe de se obter uma resposta, eles parecem nem mesmo entender qual é a dificuldade, faz com que eu me certifique de que não me deparei com uma ilusão, mas que detectei uma doença radical em seu modo de pensar como um todo desde o princípio. A pessoa que alguma vez entendeu a situação é obrigada a considerar, daqui para diante, a cosmologia científica como, em princípio, um mito; apesar de que muitos aspectos particulares verdadeiros foram incorporados a ele.[6]

Depois disso, observar dificuldades menores dificilmente será digno de nota. Ainda assim, são muitas e sérias. A crítica bergsoniana ao darwinismo ortodoxo não é fácil de ser respondida.[7] Mais inquietante ainda, entretanto, é a tentativa de defesa do professor D. M. S. Watson, ao escrever: "A própria evolução é aceita por

---

[6]Não é sem relevância notar, ao se considerar o caráter mítico dessa cosmologia, que as suas duas grandes expressões imaginativas são *mais antigas* que a evidência: o *Hyperion* de Keats e *O Anel do Nibelungo* são obras pré-darwinianas.

[7]Na obra *L'évolution créatrice* [A evolução criadora], Bergson (1859-1941) se contrapõe às teorias evolucionistas mecanicistas apoiadas no cientificismo dominante de sua época, uma concepção espiritualista da evolução, em que um élan vital partilhado nos seres na sua mais remota origem, seria a causa de toda a criação das formas vivas. [N.R.]

zoologistas não porque tenha ocorrido ou (...) que possa ser provada como verdadeira por evidência logicamente coerente, mas porque a única alternativa, a criação especial, é claramente inacreditável".[8] Será que chegamos a isso? Será que toda a vasta estrutura do naturalismo moderno depende não de evidência positiva, mas simplesmente de um preconceito metafísico *a priori*? Será que foi engendrada não para chegar aos fatos, mas para manter Deus do lado de fora? Mesmo, porém, que a evolução tenha algumas bases melhores, no sentido estritamente biológico, do que o professor Watson sugere — e eu não posso deixar de pensar que tenha — devemos distinguir a evolução, nesse sentido mais estrito, daquilo que pode ser chamado de evolucionismo universal do pensamento moderno. Por evolucionismo universal quero dizer a crença de que a própria fórmula do processo universal vai do imperfeito para o perfeito, de um começo pequeno para um fim grandioso, do rudimentar para o elaborado, a crença que faz com que as pessoas achem natural pensar que a moralidade tem origem em tabus selvagens, que o sentimento adulto em desajustes sexuais infantis, o pensamento, no instinto, a mente, na matéria, o orgânico, no inorgânico e o cosmos, no caos. Esse talvez seja o exercício mental mais profundo no mundo contemporâneo. Mas me parece imensamente implausível, pois faz do curso geral da natureza algo tão dessemelhante das partes

---

[8]Citado em "Science and the B.B.C." ["Ciência e a BBC"] *Nineteenth Century* [Século Dezenove]. Abril de 1943.

da natureza conforme nós a podemos observar. Você deve se lembrar da velha charada que pergunta se o ovo veio da galinha, ou a galinha, do ovo. A concordância moderna no evolucionismo universal é um tipo de ilusão de ótica produzida pela atenção exclusiva à emergência da galinha do ovo. Fomos ensinados desde crianças a observar como o carvalho perfeito cresce da bolota e a esquecer que a própria bolota caiu de um carvalho perfeito. Somos constantemente lembrados de que um ser humano adulto era um embrião, nunca que a vida do embrião veio de dois seres humanos adultos. Gostamos de observar que o motor rápido de hoje é descendente da locomotiva *Rocket*; também não lembramos, igualmente, que a *Rocket* não se originou de um motor mais rudimentar, mas de algo muito mais perfeito e complicado — um homem genial. A obviedade ou naturalidade que a maioria das pessoas parece encontrar na ideia do evolucionismo emergente parece ser uma alucinação pura.

Alguém pode ser forçado a pensar, a partir dessas bases e outras semelhantes, que de tudo o mais que possa ser verdade, a cosmologia científica popular não é. Abandonei aquele navio não por causa do chamado da poesia, mas porque pensei que ele não pudesse se manter flutuando. Algo como o idealismo filosófico ou o teísmo deve ser, na pior das hipóteses, menos falso que isso. E o idealismo se mostrou um teísmo disfarçado, quando você o leva a sério. E uma vez tendo aceitado o teísmo, você não poderia ignorar as afirmações de Cristo. E depois que as examinei, me pareceu que não poderia assumir uma posição mediana. Ou ele era um lunático ou era Deus. E ele não era um lunático.

Aprendi na escola que, depois de fazer uma soma, deveria "testar a minha resposta". A prova ou a verificação de minha resposta cristã à soma cósmica foi esta. Quando eu aceito a Teologia, posso encontrar dificuldades neste ponto ou naquele, ao harmonizá-la com algumas verdades particulares que estão implantadas na cosmologia mística derivada da ciência. Mas, eu posso compreender, ou admitir, a ciência como um todo. Se admito que a Razão é anterior à matéria e que a luz daquela Razão primordial ilumina mentes finitas, posso compreender como as pessoas podem vir a saber, pela observação e inferência, muito do universo em que vivem. Se, por outro lado, eu aceito a cosmologia científica como um todo, então não apenas não serei capaz de acomodar o cristianismo, mas não poderei acomodar a própria ciência. Se as mentes são completamente dependentes do cérebro, se o cérebro depende da bioquímica, e a bioquímica (no longo prazo) depende do fluxo sem sentido dos átomos, não posso entender como o pensamento daquelas mentes deveria ter qualquer significância maior que o som do vento nas árvores. E esse é para mim o teste decisivo. É assim que distingo o sonho e a vigília. Quando estou desperto posso, em certo grau, avaliar e estudar meu sonho. O dragão que me perseguiu na noite passada pode ser encaixado no meu mundo desperto. Sei que existem coisas como os sonhos; sei que comi um jantar difícil de digerir; sei que alguém que lê o que leio está sujeito a sonhar com dragões. Mas, enquanto eu estava no pesadelo não podia inserir minha experiência de desperto. O mundo desperto é avaliado de modo mais real porque poderá conter, assim, o mundo dos sonhos; o mundo dos sonhos é avaliado como menos real porque não pode conter o mundo desperto. Pela mesma razão, estou certo de que ao passar dos pontos de vista da ciência para o teológico, passei do sonho para o despertamento. A Teologia cristã pode acomodar a ciência, a arte, a moralidade, e as religiões não-cristãs. A perspectiva da ciência não é capaz de acomodar nenhuma dessas coisas, nem mesmo a própria ciência. Creio no cristianismo assim como creio que o Sol nasceu, não apenas porque o vejo, mas porque por meio dele eu vejo tudo mais.

CAPÍTULO 6

O círculo
íntimo

Gostaria de ler para vocês algumas linhas do livro de Tolstói, *Guerra e Paz*.

Quando Boris entrou na sala, o príncipe Andrey estava ouvindo um velho general que exibia suas condecorações e prestava algum tipo de relatório ao príncipe Andrey com uma expressão de subserviência soldadesca estampada em sua face rosada. "Tudo bem. Por favor, espere!", disse ele ao general, falando em russo com um sotaque francês que ele usava quando falava com desprezo. No momento em que notou a presença de Boris, deixou de ouvir o general que trotava atrás dele implorando ser ouvido, enquanto o príncipe Andrey se voltava para Boris com um sorriso alegre e um aceno com a cabeça. Boris agora compreendia claramente — aquilo que já havia presumido — que juntamente com o sistema de disciplina e subordinação, que estavam descritos nos regulamentos do exército, existia um sistema diferente e mais real; o sistema que obrigava um general, solenemente

paramentado e com a face rosada, a esperar respeitosa-
mente por sua vez, enquanto um mero capitão como o príncipe Andrey conversava com um mero segundo-tenente
como Boris. Boris decidiu imediatamente que não seria
guiado pelo sistema oficial, mas por esse outro sistema não
escrito.[1]

Quando vocês convidam um moralista de meia-idade
para falar a vocês, suponho que devo concluir que, por
mais estranha que pareça essa conclusão, vocês têm uma
predileção por receber lições de moral de pessoas de meia-
-idade. Farei o possível para satisfazê-los. De fato, darei
orientação sobre o mundo em que vocês viverão. Não digo
com isso que tentarei falar sobre as coisas denominadas
temas atuais, pois vocês provavelmente sabem dessas tanto
quanto eu. Não vou dizer a vocês — exceto numa forma
tão geral, que dificilmente reconhecerão — que papel
deveriam ter na reconstrução do pós-guerra. De fato, não
é muito provável que alguns de vocês sejam capazes de
fazer, nos próximos dez anos, uma contribuição direta à
paz e à prosperidade da Europa. Vocês se ocuparão com
a busca por emprego, com o casamento, em lidar com as
circunstâncias rotineiras. Farei algo muito mais ao estilo
antigo, algo que vocês talvez não esperavam. Darei conselhos a vocês. Farei advertências. Conselhos e advertências
sobre coisas que são tão perenes que ninguém as chama de
"temas atuais".

---

[1]Parte III. Capítulo 9.

É claro que todo mundo sabe que tipo de advertência um moralista de meia-idade do meu tipo faz para os mais jovens. Ele os adverte contra o Mundo, a Carne e o Diabo, mas apenas um dos membros desse trio será o bastante para tratar aqui hoje. Deixarei o Diabo totalmente de lado. A associação entre ele e eu no imaginário popular já se aprofundou tanto quanto eu gostaria; em alguns ambientes já alcançou o nível de confusão, se não o de identificação. Começo a me dar conta da verdade do velho adágio que diz que aquele que janta com o inimigo precisa de uma colher de cabo longo. Quanto à Carne, vocês seriam jovens muito anormais se não soubessem tanto sobre ela quanto eu, mas sobre o Mundo penso ter algo a dizer a vocês.

Na passagem de Tolstói que acabei de ler, o jovem segundo-tenente Boris Dubretskoi descobre que no exército existem dois sistemas diferentes de hierarquia. Um que está impresso em algum livrinho vermelho ao qual todos têm acesso, sendo que esse sistema se mantém constante. Um general é sempre superior a um coronel, e um coronel, a um capitão. O outro sistema não está impresso em lugar algum. Também não é uma sociedade secreta formalmente organizada com regras que você só conhece depois de ter entrado. Você não será aceito nele por ninguém de maneira formal e explícita. Você descobre gradativamente, de modo quase indefinível, que esse sistema existe e que você está do lado de fora e, mais tarde, talvez, que você está do lado de dentro. Existe aquilo que corresponde a senhas, mas elas também são espontâneas e informais. Gírias especiais, o uso de apelidos e de formas sugestivas de conversação são as marcas. Contudo, esse sistema não é constante. Não é fácil, nem mesmo em determinado momento, dizer quem está do lado de dentro e quem está do lado de fora. Algumas pessoas estão obviamente dentro e outras estão obviamente fora, mas há vários que se encontram na zona limítrofe, e se você volta para o mesmo quartel-general de sua divisão, de sua brigada, de seu regimento, ou mesmo da mesma companhia depois de uma ausência de seis semanas, você poderá encontrar essa segunda hierarquia completamente alterada. Não existem admissões ou expulsões formais. Alguns acham que estão do lado de dentro mesmo depois de terem sido excluídos, ou mesmo antes de terem sido admitidos; e isso proporciona momentos de diversão para aqueles que estão realmente do lado de dentro do sistema. Não existe um nome fixo para o sistema. A única regra permanente é que os de dentro e os de fora dão ao sistema nomes diferentes. Do lado de dentro, ele pode ser designado, em casos simples, por mera enumeração; pode ser chamado "você, o Tony e eu". Quando for muito seguro e comparavelmente estável em termo de membros, autodenomina-se "nós". Quando tiver de ser subitamente expandido, para atender uma emergência particular, seu nome torna-se "todas as pessoas sensatas neste local". Do lado de fora, se já perdeu a esperança de entrar, você o chama de "aquela gangue", "eles", "fulano e a turminha dele", "a camarilha" ou "o Círculo Íntimo". Se for um candidato à admissão no sistema, você provavelmente não o chama de coisa alguma. Discutir o sistema com outras pessoas que estão fora dele faria você sentir-se fora, e a mera menção dele em conversa com alguém de dentro, que pode ajudá-lo a entrar se a conversa for boa, seria loucura.

Mesmo que eu tenha descrito essa situação de modo imperfeito, espero que vocês todos tenham reconhecido o assunto que estou descrevendo. Não que seja o caso de você ter estado no exército russo ou talvez em qualquer outro, mas você tem aqui o fenômeno do Círculo Íntimo. Você deve ter descoberto um em sua república na faculdade no fim do primeiro semestre e quando tiver ascendido a um lugar próximo dele no fim de seu segundo ano, talvez tenha descoberto que dentro do Círculo havia um Círculo ainda mais interno que, por sua vez, era apenas a periferia do grande Círculo da faculdade, do qual os Círculos das repúblicas eram somente satélites. É até possível que o Círculo da faculdade estivesse quase que em contato com um Círculo mestre. Você está, de fato, descascando as camadas de uma cebola. Aqui, também em sua universidade, estaria eu errado em presumir que, neste mesmo momento, existem diversos círculos, sistemas independentes ou círculos concêntricos presentes nesta sala? Posso assegurar que em qualquer hospital, tribunal, diocese, escola, empresa ou faculdade que você vier a conhecer depois de ali chegar, você descobrirá os Círculos — aquilo que Tolstói denomina o segundo sistema ou o sistema não registrado.

Tudo isso é bastante óbvio. Pergunto-me se você dirá o mesmo de meu próximo passo, que é este a seguir. Acredito que na vida de todas as pessoas em certos períodos, e na vida de muitas pessoas em todos os períodos, entre a infância e a extrema velhice, um dos elementos mais dominantes é o desejo de estar dentro do Círculo local, bem como o temor de ser deixado de fora. Esse desejo, em alguma de suas formas, tem recebido de fato ampla justiça na literatura, quero dizer, na forma de esnobismo. A ficção da era vitoriana está repleta de personagens consumidos pelo desejo de ingressar naquele círculo particular que é, ou era, chamado de "Sociedade". Todavia, deve ser claramente entendido que "Sociedade", naquele sentido da palavra, é meramente um de cem círculos, e esnobismo, portanto, apenas uma forma do anseio de estar do lado de dentro. As pessoas que acreditam estar livres, e que de fato estão livres, do esnobismo, e leem sátiras sobre o esnobismo com tranquila superioridade, podem ser devoradas pelo desejo de outro modo. Pode ser a própria intensidade de seu desejo de entrar em algum círculo bem diferente que os torna imunes às atrações da vida elevada. O convite de uma duquesa seria um consolo pouco satisfatório para alguém que sofre por causa do sentimento de exclusão de algum grupo artístico ou comunista. Pobre homem — ele não deseja grandes salões iluminados, champanhe ou mesmo ouvir sobre escândalos envolvendo colegas e membros do gabinete de ministros. O que ele quer é estar no sagrado e pequeno sótão ou no estúdio, as cabeças abaixadas juntas em conversação, a fumaça dos cigarros e o conhecimento delicioso de que nós — os quatro ou cinco, todos aconchegados ao lado da lareira — somos as pessoas que *sabem*. Frequentemente, o desejo se esconde tão bem que dificilmente reconhecemos o prazer da realização.

Os homens dizem não somente a suas mulheres, mas a si mesmos, que é duro ter de ficar até mais tarde no escritório ou na escola atendendo algum importante trabalho extra para o qual foram designados, porque eles, fulano de tal e outros dois, são as únicas pessoas que restaram no local que realmente sabem como as coisas funcionam. Mas isso não é bem verdade. É uma chatice terrível, de fato, ser chamado pelo velho e obeso Smithson e ouvi-lo cochichar: "Olha aqui, de alguma forma temos de fazer você participar dessa vistoria" ou "Eu e Charles percebemos na hora que você precisa estar nesse comitê". Uma chatice terrível (...) ah, mas como seria ainda mais terrível se você tivesse ficado de fora! É cansativo e prejudicial à saúde perder seus sábados à tarde, mas é muito pior ficar com os sábados livres porque você não tem importância.

Freud diria que sem dúvida tudo se resume a um subterfúgio do impulso sexual. Pergunto-me se estamos, às vezes, sentindo na pele. E se, em tempos de promiscuidade, a virgindade de muitos não tenha sido perdida nem tanto por obediência a Vênus, mas em obediência à provocação do grupo, pois é claro que quando a promiscuidade é moda, os castos estarão do lado de fora. Eles são ignorantes de algo que outras pessoas conhecem. São os que não foram iniciados, e quanto a questões mais leves, é provavelmente muito grande a quantidade de pessoas que experimentaram seu primeiro cigarro ou que tiveram a primeira bebedeira por um motivo semelhante.

Preciso agora fazer uma distinção. Não direi que a existência dos Círculos Íntimos seja um mal. Certamente ela é inevitável. Discussões confidenciais devem ocorrer e não são algo ruim em si; que uma amizade cresça entre aqueles que trabalham juntos é (em si mesmo) algo bom, e talvez seja impossível que a hierarquia oficial de uma organização coincida exatamente com o seu funcionamento real. Se as pessoas mais sábias e enérgicas tivessem invariavelmente as posições mais elevadas, haveria essa coincidência; mas já que frequentemente não é isso que ocorre, pode haver pessoas em altas posições que na realidade são um peso morto, e outras, em posições inferiores, que são mais importantes do que seu status e tempo de permanência levam a supor. Dessa forma, o segundo sistema, o não escrito, provavelmente terá delimitado o seu crescimento, o que é necessário, talvez até não seja um mal necessário, porém o desejo que nos impele aos Círculos Íntimos é outra questão. Uma coisa pode ser moralmente neutra, mas o desejo por tal coisa pode ser perigoso. Como Byron disse:

> Doce é o legado, e doce é o passamento
> A morte inesperada de uma velha dama.

A morte sem dor de um parente devoto, em idade avançada, não é um mal. Entretanto, um desejo intenso por sua morte da parte de seus herdeiros não é considerado um sentimento apropriado, e a lei desaprova até mesmo a tentativa mais gentil de apressar sua partida. Vamos dizer que os Círculos Íntimos sejam uma característica inevitável e mesmo inocente da vida, embora não necessariamente uma bela característica. Mas, e quanto ao nosso desejo de ingressar neles, à nossa angústia quando somos excluídos e ao tipo de prazer que sentimos quando entramos?

Não tenho o direito de fazer ilações a respeito do quanto muitos de vocês já podem estar comprometidos. Não devo supor que vocês alguma vez tenham negligenciado, e finalmente descartado, amigos a quem vocês realmente amavam e que poderiam ter permanecido como amigos por toda vida, a fim de cortejar a amizade daqueles que lhes pareciam mais importantes, mais esotéricos. Não devo perguntar se vocês alguma vez tiveram prazer com a solidão e a humilhação de pessoas de fora depois que entraram no Círculo; se falaram com outros membros do Círculo na presença dos de fora simplesmente com o propósito de que eles os invejassem; se os meios através dos quais, em seus dias probatórios, vocês tentaram conquistar o favor do Círculo Íntimo foram motivo de grande admiração. Vou fazer apenas uma pergunta, uma pergunta retórica, que, portanto, não espera por nenhuma resposta. Em toda a sua vida, em suas lembranças, o desejo de estar do lado certo daquela linha invisível alguma vez os impulsionou a fazer ou dizer algo que, nas horas frias da madrugada de uma noite de insônia, possam ter recordado com satisfação? Se sim, seu caso é muito mais feliz do que a maioria.

Entretanto, eu disse que daria orientação, e orientação deve tratar do futuro, não do passado. Toquei no passado apenas para despertá-los para aquilo que creio ser a verdadeira natureza da vida humana. Não acredito que os motivos econômicos e o motivo erótico explicam tudo que acontece no que nós os moralistas chamamos de Mundo. Mesmo que você acrescentar Ambição, penso que o quadro ainda está incompleto. A cobiça pelo esotérico, o anseio de estar do lado de dentro, tomam muitas formas que não são facilmente reconhecíveis como Ambição. Não há dúvida de que esperamos receber benefícios tangíveis de cada Círculo Íntimo do qual fazemos parte; poder, dinheiro, liberdade para infringir regras, escapar de deveres rotineiros e boicotar códigos disciplinares, mas todas essas coisas não iriam nos satisfazer se não recebêssemos adicionalmente o delicioso sentimento de intimidade secreta. É muito conveniente, sem dúvida, saber que não precisamos temer a repreensão oficial de nosso superior porque ele é o velho Percy, um companheiro do nosso círculo. Contudo, não valorizamos a intimidade somente por causa da comodidade; valorizamos, igualmente, a comodidade como uma prova de intimidade.

Meu propósito principal com essa palestra é simplesmente convencê-los de que esse desejo é uma das grandes e permanentes molas propulsoras da ação humana. É um dos fatores que compõem o mundo como nós o conhecemos — todo esse esforço, competição, confusão, suborno, desilusão e propaganda desenfreados —, e se é uma das molas propulsoras permanentes, então vocês podem estar bem certos disto. Se não tomarem as providencias para evitar seu envolvimento com esse tipo de Círculo Íntimo, esse desejo será um dos principais motivos da sua vida, desde o primeiro dia em que iniciarem sua atividade profissional até o dia em que estiverem muito velhos para se importarem.

Isso será o natural — a vida virá até vocês por iniciativa dela. Qualquer outro tipo de vida, se vocês a conduzirem, será o resultado de esforços conscientes e contínuos. Se não fizerem nada, ou deixarem-se levar pela correnteza, serão na realidade alguém "de dentro do Círculo Íntimo". Não digo que isso é ser alguém bem-sucedido; isso é outra história. No entanto, seja deprimido e choramingando fora dos Círculos nos quais jamais poderá entrar, ou por avançar triunfante cada vez mais para dentro deles, de uma maneira ou de outra você será esse tipo de pessoa.

Já evidenciei minha opinião que é melhor não ser esse tipo de pessoa, e sim manter uma mente aberta sobre essa questão. Vou então sugerir duas razões para conduzi-los a pensar como eu penso.

Seria educado, gentil e, considerando a idade de vocês, sensato supor que nenhum de vocês é ainda um canalha. Por outro lado, em vista da mera teoria das probabilidades (não estou dizendo nada contra o livre-arbítrio) é quase certo que ao menos dois ou três de vocês, antes de morrer, irão se tornar algo bem semelhante a canalhas. Deve haver nesta sala os ingredientes para aquela quantidade de inescrupulosos, traiçoeiros e egoístas insensíveis. A escolha está diante de vocês, e espero que não considerem minhas palavras sobre seu possível futuro caráter um sinal de desrespeito ao seu caráter atual. Esta é a profecia que faço: nove de dez entre vocês estarão diante da escolha que pode levá-los a canalhices, e quando isto acontecer será em cores nada dramáticas. É evidente que não surgirão tantos homens maus, ameaçando e subornando descaradamente, assim. Ao beber um drinque ou um café, disfarçada de trivialidade e entremeada por duas piadas, dos lábios de um homem, ou uma mulher, que vocês estão conhecendo um pouco melhor mais recentemente, e a quem esperam conhecer melhor ainda — bem no momento em que vocês estiverem mais apreensivos para não parecerem grosseiros, ingênuos ou pedantes — a insinuação virá. Será a insinuação de algo que não estará bem de acordo com as regras do jogo limpo; algo que o público, o ignorante e romântico público, nunca iria entender; algo pelo que até mesmo os de fora em sua própria profissão seriam capazes de fazer um escarcéu, mas algo, diz seu novo amigo, que "nós" — e ao ouvir a palavra "nós" vocês tentam não corar por mero prazer — algo que "nós sempre fazemos". Cada um de vocês será atraído, se for de fato atraído, não pelo desejo de ganho ou facilidade, mas simplesmente porque naquele momento, quando o copo estiver tão perto de seus lábios, você não poderá suportar ser lançado de volta naquele frio mundo exterior. Seria tão terrível ver o rosto do outro homem — aquele rosto genial, cheio de confidencias, prazeroso e sofisticado — se tornar, de repente, frio e ameaçador ao saber que você foi testado para ingressar no Círculo Íntimo e o rejeitou. Então, para aquele que foi atraído, na próxima semana haverá algo que infringe um pouco as regras, e no ano seguinte algo que infrinja mais ainda, mas tudo feito no espírito mais divertido e amigável. Isso poderá acabar em falência, num escândalo ou até numa condenação penal; poderá resultar em milhões, num título de nobreza e em filantropia à sua antiga faculdade, mas você não será nada menos que um canalha.

Essa é a minha primeira razão. De todas as paixões, a paixão pelo Círculo Íntimo é a mais hábil em fazer com que uma pessoa que ainda não é muito má faça coisas muito más.

Minha segunda razão é esta. A tortura imposta sobre as Danaides, no clássico submundo da mitologia, que era tentar encher peneiras com água.[2] É o símbolo não de um vício apenas, mas de todos os vícios. É a marca de um desejo perverso que busca aquilo que não se pode ter. O desejo de estar do lado de dentro da linha invisível ilustra essa regra. Enquanto formos governados por esse desejo, jamais teremos o que desejamos. É como descascar uma cebola; se conseguir, não restará nada. Enquanto não dominarmos o medo de ser de fora, de fora vocês serão.

Isso é certamente muito claro quando se pensa a respeito. Para quem quiser se libertar de algum círculo por alguma boa razão — se, por exemplo, desejar se associar a uma sociedade musical por gostar realmente de música — então existe uma satisfação possível. Você se achará tocando num quarteto e poderá gostar disso, mas se tudo o que quiser é ser conhecido, seu prazer será de pouca duração. O círculo não poderá ter do lado de dentro

---

[2] Na mitologia grega: as Danaides são 50 irmãs, filhas de Dánao, que assassinaram seus maridos na noite de núpcias — exceto uma que se apaixonou —, por isso, 49 delas foram condenadas a encher de água um tonel sem fundo, representando um trabalho perdido e sem fim, um poço sem fundo. [N. E.]

o mesmo charme que possuía do lado de fora, pois pelo simples fato de acolhê-lo, ele perdeu sua magia. Uma vez que a novidade se desgastar, os membros desse círculo não serão mais interessantes que seus velhos amigos. Por que seriam? Você não estava buscando a virtude, a bondade, a lealdade, o humor, o aprendizado, a inteligência bem-humorada ou qualquer uma das coisas que podem realmente ser apreciadas. Você queria simplesmente estar do lado de "dentro" e este é um prazer que não pode durar. Logo que seus novos companheiros se tornarem insossos para você em razão da familiaridade, você irá procurar outro círculo. O fim do arco-íris ainda estará mais adiante de você, e o círculo antigo será agora apenas o pano de fundo monótono para seu esforço para entrar no novo.

Vocês sempre acharão difícil entrar no círculo, por uma razão bastante conhecida. Uma vez tendo entrado, vocês vão querer dificultar as coisas para o próximo candidato, da mesma forma que aqueles que dificultaram para cada um de vocês. Naturalmente. Em qualquer grupo sadio de pessoas, o qual se reúne por um bom propósito, as exclusões são em certo sentido acidentais. Três ou quatro pessoas que se juntam por causa de uma obra de arte excluem outros, porque há trabalho somente para aquela quantidade de pessoas, ou porque os outros não são capazes de realizar o trabalho. Seu pequeno grupo musical limita a quantidade porque as salas em que se reúnem não comportam mais pessoas, mas o seu Círculo Íntimo genuíno existe para excluir. Não teria a menor graça não fosse pelos de fora. A linha invisível não teria significado se a maioria das pessoas não estivesse do lado errado. A exclusão não é acidental; é a essência.

Quem não romper com a busca pelo Círculo Íntimo terá o seu coração partido por este, mas, se você romper, um resultado surpreendente se seguirá. Se, em suas horas de trabalho, vocês fizerem de seu trabalho a sua meta, irão encontrar-se total e inconscientemente dentro do único círculo em sua profissão que realmente importa, isto é, ser um dos bons artesãos. E outros bons artesãos saberão disso. Esse grupo de artesãos nunca irá coincidir com o Círculo Íntimo, com as pessoas importantes ou com as celebridades. Não irá formular aquela política profissional, ou produzir aquela influência profissional que briga pela profissão como um todo contra o público, nem irá levar àqueles escândalos e crises periódicos produzidos pelo Círculo Íntimo. Mas fará aquilo que é próprio daquela profissão e, no longo prazo, será responsável por todo o respeito que a profissão de fato usufrui, além de quais discursos e propagandas não conseguem manter. Se, no seu tempo livre, vocês interagirem apenas com as pessoas de quem gostam, vocês se darão conta de que inconscientemente se envolveram em algo verdadeiro, e que de fato estão aconchegados e seguros no centro de algo que, visto de fora, se parece exatamente com um Círculo Íntimo. A diferença, porém, é que os segredos são acidentais, os exclusivismos são subprodutos e ninguém foi levado para dentro ao ser ludibriado pelo esoterismo, porque são somente quatro ou cinco pessoas que gostam umas das outras e se reúnem para fazer o que gostam. Isso é amizade. Aristóteles a colocou entre as virtudes. Ela, talvez, produza metade da felicidade no mundo, e nenhum membro de um Círculo Íntimo poderá jamais ter isso.

As Escrituras nos dizem que aqueles que pedem, recebem. Isso é verdadeiro, em sentidos que não posso explorar agora, mas, em outro sentido, há muita verdade no princípio do estudante que diz "aqueles que pedem, não terão". Para um jovem, que está na fase inicial de sua vida adulta, o mundo parece estar cheio de "interiores", cheio de intimidades e confidencialidades agradáveis com as quais ele deseja se envolver. Contudo, se ele seguir esse desejo, não obterá "interior" algum que de fato valha a pena. A verdadeira estrada está numa direção completamente diferente. É como a casa em *Alice através do espelho*.[3]

---

[3]O livro do célebre escritor inglês Lewis Carroll foi publicado em 1871, é a continuação do famoso *Alice no país das maravilhas*. Neste livro, Alice descobre que há um mundo encantando e de incontáveis aventuras que ela pode ver e vivenciar para além do espelho. [N. E.]

CAPÍTULO 7

Membresia

Nenhum cristão e, de fato, nenhum historiador poderia aceitar a expressão que define a religião como "aquilo que um homem faz em sua solidão". Acho que foi um dos irmãos Wesley que disse que o Novo Testamento nada conhece de uma religião solitária. Somos proibidos de negligenciar a nossa reunião em comunhão. O cristianismo já é institucional em seus documentos primitivos. A Igreja é a Noiva de Cristo e nós somos membros uns dos outros.

A ideia, em nossa época, de que a religião pertence ao âmbito da nossa vida privada — ou seja, ela é de fato uma ocupação para os momentos livres do indivíduo — é ao mesmo tempo paradoxal, perigosa e natural. É paradoxal porque esse engrandecimento do indivíduo no campo religioso tem origem num tempo em que o coletivismo está derrotando, de forma arrasadora, o individualismo em todos os níveis. Eu vejo isso até mesmo na universidade. Quando iniciei minha vida de estudante em Oxford, a associação de estudantes consistia de uns doze homens que se conheciam intimamente e ficavam até uma ou duas da madrugada ouvindo a leitura de uma monografia de algum deles, numa pequena sala de estar, onde faziam sugestões e correções. Antes da guerra, a associação de estudantes tinha se tornado um público heterogêneo de cem ou duzentos estudantes que se reuniam num auditório para ouvir a preleção de alguma celebridade visitante. Mesmo nas raras ocasiões em que um estudante moderno não está participando desse tipo de associação, ele dificilmente se ocupa com aquelas caminhadas solitárias, ou caminha com algum outro companheiro, aquilo que construía as mentes de gerações anteriores. Ele vive numa multidão; o grupo exclusivo substituiu a amizade, e essa tendência não existe somente dentro e fora da universidade, como também é frequentemente aprovada. Existe uma multidão de intrometidos, autodesignados mestres de cerimônias, cuja vida está dedicada à destruição do isolamento onde quer que ele ainda se manifeste. Chamam isso de "tirar os jovens da introspecção", de "despertá-los" ou de "vencer sua apatia". Se um Agostinho, um Vaughan, um Traherne ou um Wordsworth tivessem nascido no mundo moderno, os líderes de alguma organização juvenil iriam logo curá-los. Se um lar realmente bom, como o de Alcino e Arete na *Odisseia*, o dos Rostovs em *Guerra e Paz* ou se qualquer uma das famílias de Charlotte M. Yonge existisse hoje seria denunciada como *burguesa* e toda a máquina de destruição seria usada contra elas. Mesmo quando os projetistas falham e alguém fique fisicamente sozinho, há algum aparato tecnológico que não o deixará mais sozinho — num sentido não pretendido por Cipião — do que quando estiver sozinho. Vivemos de fato num mundo faminto por isolamento, silêncio e privacidade e, portanto, faminto por meditação e verdadeira amizade.

Relegar a religião ao isolamento numa época como essa é, então, paradoxal. No entanto, também é perigoso por duas razões. Em primeiro lugar, quando o mundo moderno nos diz em alta voz: "Você pode ser religioso quando estiver sozinho", emenda, sussurrando: "e eu providenciarei que você nunca esteja só". Fazer do cristianismo um assunto de natureza privativa, enquanto suprime toda privacidade, é o mesmo que relegá-lo ao fim do arco-íris ou às calendas gregas,[1] o que é um dos estratagemas do inimigo. Em segundo lugar, há o perigo de que cristãos verdadeiros, que sabem que o cristianismo não é um exercício solitário, reagirem contra esse erro ao simplesmente transportar para nossa vida espiritual aquele mesmo coletivismo que já conquistou nossa vida secular, o que é o outro estratagema do inimigo. Como um bom enxadrista, ele sempre estará tentando levá-lo a uma posição na qual você somente poderá salvar sua torre ao perder seu bispo. A fim de evitar a armadilha, precisamos insistir que, embora a concepção de um cristianismo privado seja um erro, ela é profundamente natural e está desajeitadamente tentando preservar uma

---

[1] O calendário romano chamava o primeiro dia de cada mês de "calendas", diferentemente do grego que não usava tal nomenclatura. Por isso, quando os romanos passaram a usar a expressão "calendas gregas", estavam ironicamente se referindo a um dia inexistente ou que jamais chegaria. [N. E.]

grande verdade. Por trás disso está o sentimento óbvio de que o nosso coletivismo moderno é um desprezo à natureza humana e que, a partir disso, assim como de todos os males, Deus será o nosso escudo e proteção.

Esse sentimento é justo. Assim como a vida pessoal e privativa é inferior à participação no corpo de Cristo, também a vida coletiva é inferior à vida pessoal e privativa, e não tem nenhum valor a não ser em seu serviço. A comunidade secular, uma vez que existe para nosso bem natural e não para nosso bem sobrenatural, não tem um fim mais elevado do que facilitar e proteger a família, a amizade e a solidão. Johnson disse que ser feliz no lar é a finalidade de todo esforço humano. Já que estamos pensando apenas em valores naturais, devemos dizer que não há nada mais prazeroso na vida do que ver uma família rindo junta ao redor da mesa de jantar, quando dois amigos conversam tomando uma cerveja ou quando alguém solitário lê um livro de seu interesse. Economia, política, leis, exércitos e instituições, salvo enquanto prolongam e multiplicam tais vivências, são meramente como procurar agulha no palheiro, uma futilidade sem sentido e um aborrecimento de espírito. As atividades coletivas são necessárias, é claro, mas esse é o fim para o qual elas são necessárias. Grandes sacrifícios daqueles que possuem essa felicidade privativa poderão ser necessários a fim de que ela seja mais amplamente distribuída. Todos podem ter de ficar com um pouco de fome para que ninguém morra de fome, mas não confundamos os males necessários com o bem, pois esse equívoco é facilmente cometido. Para que possa ser transportada, a fruta deve ser enlatada e assim perde algumas de suas boas qualidades, mas é possível encontrar aqueles que realmente passaram a preferir as frutas enlatadas em lugar das frutas frescas. Uma sociedade doente precisa refletir muito sobre política, assim como um homem doente precisa refletir muito a respeito de sua digestão; ignorar o assunto poderá ser covardia fatal tanto para um quanto para o outro. Porém, se tais questões básicas não forem levadas em consideração — se ambos esquecerem que pensamos acerca disso somente para que sejamos capazes de pensar sobre outras coisas — então, aquilo que foi realizado em função da saúde se torna uma nova e fatal doença.

Existe, realmente, uma tendência fatal em todas as atividades humanas que é os meios invadirem os próprios fins a que estavam destinados a servir. Dessa maneira, o dinheiro vem para impedir o comércio de mercadorias, as regras das artes bloqueiam o que é genial e as avaliações impedem que jovens sejam instruídos. Infelizmente, não é sempre que os meios invasivos podem ser dispensados. Penso que o coletivismo de nossa vida é necessário e irá crescer e que a nossa única defesa contra suas propriedades letais está na vida cristã, pois nos foi prometido que viveríamos depois de pegar em serpentes e de beber veneno. Essa é a verdade por detrás da definição errônea de religião com a qual iniciamos. Foi em sua oposição à mera solidão da massa coletiva que ela errou. O cristão não é chamado ao individualismo, mas a se tornar membro do corpo místico. A consideração das diferenças entre o coletivo secular e o corpo místico é, portanto, o passo inicial para o entendimento de como o cristianismo pode contrapor o coletivismo sem ser individualista.

Desde o começo, estamos limitados por uma dificuldade de linguagem. A própria palavra *membresia* é de origem cristã, mas foi assumida pelo mundo e esvaziada de todo sentido. Em qualquer livro de lógica você vai encontrar a expressão "membros de uma classe". Precisa ser enfaticamente afirmado aqui que os itens ou as particularidades incluídos numa classe homogênea são quase o inverso do que o apóstolo Paulo quis dizer com a palavra *membros*. Com a palavra [grega] *membros* ele quis dizer aquilo que chamamos de *órgãos*, coisas essencialmente diferentes e complementares umas das outras, coisas que diferem não só em estrutura e função, mas também em dignidade. Assim, em uma associação, o comitê como um todo, bem como os empregados como um todo, podem ambos ser corretamente considerados "membros"; o que chamaríamos de membros da associação são meramente unidades. Uma fileira de soldados, identicamente vestidos e treinados, ou uma quantidade de cidadãos cadastrados, como votantes numa zona eleitoral, não são membros de coisa alguma no sentido paulino. Receio que quando descrevemos uma pessoa como "um membro da Igreja", o que normalmente dizemos nada tem a ver com o que Paulo diz; dizemos apenas que essa pessoa é uma unidade — que ela é mais um espécime de algum tipo de coisa, como X e Y e Z. Ser verdadeiramente membro num corpo difere da inclusão em algum coletivo, o que pode ser visto na estrutura de uma família. O avô, os pais, o filho já adulto, a criança, o cachorro e o gato são membros verdadeiros (no sentido orgânico), exatamente porque eles não são membros ou unidades de uma classe homogênea. Não são intercambiáveis no sentido de que não se pode substituir um por outro. Cada pessoa é quase uma espécie em si mesma. A mãe não é simplesmente uma pessoa diferente; ela é um tipo diferente de pessoa. O irmão adulto não é simplesmente uma unidade da categoria crianças; ele é um estado independente do reino. O pai e o bisavô são quase tão diferentes quanto o gato e o cachorro. Se subtrair qualquer um dos membros, você não reduzirá simplesmente a família em quantidade; você terá produzido uma ferida em sua estrutura. Sua unidade é unidade de pessoas diferentes, quase que de pessoas incomensuráveis.

Uma tênue percepção das riquezas inerentes nesse tipo de unidade é uma das razões por que gostamos de um livro como *O vento nos salgueiros*.[2] Um trio como Rato, Toupeira e Texugo simboliza a extrema diferenciação de pessoas em união harmoniosa, que sabemos intuitivamente ser o nosso verdadeiro refúgio, tanto do isolamento quanto do coletivo. A afeição entre pares tão estranhamente combinados como Dick Swiveller e a Marquesa,[3] ou do Sr.

---

[2]A fábula é um dos maiores clássicos da literatura infantil, foi escrita pelo britânico Kenneth Grahame em 1908. [N. E.]

[3]Personagens do romance *The Old Curiosity Shop* [A loja de antiguidades] do inglês Charles Dickens, considerado por muitos o maior romancista da era vitoriana. [N. E.]

Pickwick e Sam Weller[4] agrada da mesma maneira. É por isso que a noção moderna de que os filhos devem chamar seus pais pelos nomes de batismo é tão perversa, pois é um esforço que ignora a diferença em espécie que compõe uma unidade orgânica real. Estão tentando inocular a criança com a visão absurda de que a mãe é simplesmente uma concidadã, como qualquer outra pessoa, para fazê-la ignorante daquilo que todas as pessoas concebem e insensível em relação àquilo que todas as pessoas sentem. Estão tentando arrastar as repetições vazias do coletivo para dentro do mundo mais completo e concreto da família.

O prisioneiro tem um número em lugar de um nome, e essa é a ideia do coletivo levada ao extremo, mas um homem em seu lar também poderá perder seu nome, pois ele é chamado simplesmente de "Pai". Isso é ser membro de um corpo. A perda do nome nos dois casos nos lembra que existem dois modos opostos de sair do isolamento.

A sociedade para a qual o cristão é chamado no batismo não é um coletivo, mas um Corpo. De fato, é aquele Corpo do qual a família é uma imagem no nível natural. Se alguém vem a ele com a concepção errada de que ser membro da igreja é o mesmo que ser membro no sentido degradado moderno — uma aglutinação de pessoas como se elas fossem moedas ou itens — ele seria corrigido, já na entrada, pela descoberta de que o líder desse corpo é tão diferente de seus membros que

---

[4]Personagens do romance *As aventuras do Sr. Pickwick* de Charles Dickens. [N. E.]

eles não compartilham com ele predicado algum a não ser por analogia. Somos convocados, desde o início, a nos associar como criaturas ao nosso Criador, como mortais ao imortal, como pecadores resgatados ao Redentor sem pecado. Sua presença, a interação entre ele e nós, deve ser sempre um fator inteiramente predominante na vida que devemos viver dentro do corpo, e qualquer concepção de comunhão cristã que não signifique prioritariamente comunhão com ele está fora de questão. Depois disso, parece quase trivial traçar com detalhes a diversidade de operações para a unidade do Espírito, mas ela estará ali muito claramente. Existem sacerdotes separados dos leigos, catecúmenos separados daqueles que estão em comunhão plena. Há a autoridade do marido sobre a esposa e de pais sobre os filhos. Existe, em formas muito sutis para considerar em termos de manifestação oficial, uma troca contínua de ministrações complementares. Estamos todos constantemente ensinando e aprendendo, perdoando e sendo perdoados, representando Cristo para as pessoas, quando intercedemos por elas, e representando as pessoas para Cristo, quando outros intercedem por nós. O sacrifício da privacidade pessoal, que é diariamente exigido de nós, é recompensado diariamente, cem vezes mais, no verdadeiro crescimento da personalidade que a vida do corpo encoraja. Aqueles que são membros uns dos outros se tornam tão diferentes quanto a mão e o ouvido. Essa é a razão por que as pessoas do mundo são tão monotonamente parecidas entre si, quando comparadas com a quase fantástica variedade dos cristãos. Obediência é o caminho para a liberdade, humildade é o caminho para o prazer, unidade é o caminho para a personalidade.

Agora preciso dizer algo que pode parecer paradoxal. Você ouviu frequentemente que embora tenhamos diferentes posições no mundo, ainda assim somos todos iguais aos olhos de Deus. E claro, existem sentidos nos quais isso é verdadeiro. Deus é imparcial; seu amor para conosco não é medido por nossa posição social ou talentos intelectuais. No entanto, acredito que existe um sentido no qual essa máxima seja o inverso da verdade. Ouso dizer que a igualdade artificial é necessária no que diz respeito ao Estado, mas, na Igreja, retiramos esse disfarce, recuperamos as nossas desigualdades e somos, assim, encorajados e reanimados.

Acredito em igualdade política, mas existem duas razões opostas para ser um democrata. Você pode pensar que todos os homens são tão bons e que merecem uma parte no governo da sociedade, e são tão sábios que a sociedade necessita de seu conselho. Essa é, na minha opinião, a doutrina falsa e romântica da democracia. Por outro lado, você pode acreditar que os seres humanos decaídos são tão perversos que nenhum deles é confiável o suficiente com qualquer responsabilidade de poder sobre seus semelhantes.

A meu ver, este é o fundamento verdadeiro da democracia. Não creio que Deus criou um mundo igualitário. Acredito que a autoridade dos pais sobre criança, do marido sobre mulher, do instruído sobre o simples, que tudo isso tenha sido uma parte do plano original tanto quanto a autoridade do ser humano sobre os animais. Acredito que se o ser humano não tivesse caído, Filmer[5] estaria certo, e a monarquia patriarcal seria a única forma legal de governo, mas, uma vez que tivemos conhecimento do pecado, como o Lorde Acton diz: "todo poder corrompe, e o poder absoluto corrompe de forma absoluta". O único remédio tem sido a remoção dos poderes e a substituição da ficção legal da igualdade. A autoridade do pai e do marido foi corretamente abolida no plano legal, não porque essa autoridade seja ruim por si só (pelo contrário, ela é, creio eu, divina em sua origem), mas porque pais e maridos são maus. A teocracia foi corretamente abolida não porque seja ruim que sacerdotes instruídos governem os leigos ignorantes, mas porque os sacerdotes são homens maus como o restante de nós. Tem havido interferência até mesmo na autoridade do ser humano sobre os animais, porque ela é constantemente abusada.

Para mim, a igualdade está na mesma posição das roupas. É um resultado da Queda e um remédio para ela. Qualquer tentativa de refazer os passos por meio dos quais chegamos ao igualitarismo e a reintroduzir as velhas autoridades no nível político é, na minha opinião, tão ridículo quanto seria tirar as nossas roupas. Os nazistas e os nudistas cometem o mesmo erro, mas é o corpo nu, ainda presente debaixo das roupas de cada um de nós, que realmente vive. É o mundo hierárquico, ainda vivo e (muito

---

[5]Sir Robert Filmer (c. 1588-1653), teórico político inglês que defendeu o direito divino de reis. [N. E.]

apropriadamente) escondido por trás da fachada da cidadania igualitária, que é a nossa real preocupação.

Não me entenda mal. Não desejo, de forma alguma, minimizar o valor da ficção igualitária, que é a nossa única defesa contra a crueldade alheia. Eu veria com grande desaprovação qualquer proposta de abolir o sufrágio universal, ou a lei que protege o direito de propriedade das mulheres casadas, mas a função da igualdade é meramente protetora. É medicamento, não alimento. Ao tratar as pessoas humanas (em desafio ponderado aos fatos observados) como se todas elas fossem um mesmo tipo de coisa, evitamos diversos males, mas não é com base nisso que fomos feitos para viver. É desnecessário dizer que as pessoas têm o mesmo valor. Se tomarmos a expressão valor num sentido mundano — se queremos dizer que todas as pessoas são igualmente úteis, bonitas, boas ou divertidas — então, isto é um absurdo. Se queremos dizer que todos têm valor igual na condição de almas imortais, então, penso eu, esconde-se aqui um perigoso erro. O valor infinito de cada alma humana não é uma doutrina cristã. Deus não morreu pelo ser humano por causa de algum valor que tenha percebido nele. O valor de cada alma humana, considerada simplesmente em si mesma, sem um relacionamento com Deus, é zero. Como o apóstolo Paulo escreve, morrer por pessoas de valor não teria sido divino, mas meramente heroico; contudo, Deus morreu por pecadores. Ele nos amou não porque éramos dignos de amor, mas porque ele é amor. Pode até ser que ele ame a todos de forma igual — ele certamente amou a todos até a morte —, e não estou certo do que essa expressão significa. Se houver igualdade, está no amor que Deus demonstra, não em nós.

Igualdade é um termo quantitativo e, portanto, o amor frequentemente nada sabe a respeito disso. A autoridade exercida com humildade e a obediência oferecida com prazer são as verdadeiras linhas nas quais nossos espíritos vivem. Até mesmo na vida das afeições, muito mais no corpo de Cristo, nós nos afastamos do mundo, que diz: "Eu sou tão bom quanto você". É como mudar da marcha para a dança. É como tirar a nossa roupa. Nós nos tornamos, nas palavras de Chesterton, mais altos quando nos curvamos, e mais baixos quando instruímos. Tenho satisfação com o fato de que há momentos nos cultos de minha igreja quando o sacerdote fica de pé e eu me ajoelho. À medida que a democracia se torna mais completa no mundo exterior, e as oportunidades de reverência são sucessivamente removidas, o refrigério, a purificação e retornos revigorantes à diversidade, que a igreja nos oferece, se tornam cada vez mais necessários.

Dessa maneira, portanto, a vida cristã defende a personalidade singular sobre a coletiva, não ao isolar o cristão, mas ao dar a ele o status de um órgão no corpo místico. Como diz o livro do Apocalipse, ele será feito "uma coluna no santuário do meu Deus" e acrescenta "e dali ele jamais sairá". Isso apresenta uma nova perspectiva ao nosso tema. A posição estrutural na Igreja que o cristão mais humilde ocupa é eterna e mesmo cósmica. A Igreja permanecerá depois do universo; e nela a pessoa individual permanecerá depois do universo. Tudo aquilo que estiver ligado à cabeça imortal participará de sua imortalidade. Ouvimos muito pouco a esse respeito do púlpito cristão hoje em dia. O que nosso silêncio a respeito disso produz pode ser verificado do fato de que, ao falar à Força Expedicionária Britânica recentemente sobre esse assunto, descobri que alguém no meu auditório considerava essa doutrina como "teosófica". Se nós não cremos nisso, sejamos honestos e releguemos a fé cristã aos museus. No caso de crermos, deixemos de lado o fingimento de que isso não faz diferença nenhuma, pois essa é a resposta verdadeira para qualquer afirmação excessiva feita pelo coletivo. Este último é mortal, nós viveremos para sempre. Chegará o momento em que cada cultura, cada instituição, cada nação, a raça humana, toda vida biológica será extinta e cada um de nós estará vivo. A imortalidade nos é prometida, mas não a essas generalidades. Não foi por sociedades ou estados que Cristo morreu, mas pelas pessoas. Nesse sentido, à vista das coletividades seculares, o cristianismo sustenta uma afirmação quase frenética da individualidade. Entretanto, não é o indivíduo como tal que irá compartilhar a vitória de Cristo sobre a morte. Compartilharemos a vitória ao estar com o Vitorioso. Uma rejeição, ou na forte linguagem das Escrituras, uma crucificação do eu natural é o passaporte para a vida eterna. Nada que não tenha morrido há de ressuscitar. É desse modo que o cristianismo remove a antítese entre o individualismo e o coletivismo. Aí reside a enervante ambiguidade de nossa fé, como percebida pelos de fora. Ela resiste, de forma firme, ao individualismo natural; por outro lado, oferece como retorno, àqueles que abandonam o individualismo, uma possessão eterna de seu próprio ser pessoal, mesmo de seus corpos. Como meras entidades biológicas, cada um de nós nada vale com sua vontade separada para viver e para expandir; somos apenas comida de gado, mas, como órgãos no corpo de Cristo, como pedras e colunas no templo, temos a nossa identidade garantida e viveremos para nos lembrar de galáxias de um conto antigo.

Isso pode ser colocado de outra maneira. A personalidade é eterna e inviolável, mas não é um dado a partir do qual iniciamos. O individualismo no qual todos nós iniciamos é somente uma paródia ou sombra disso. A verdadeira personalidade está mais à frente — a que distância, para a maioria de nós, não ouso dizer, e a chave para tanto não está em nós. Não é algo que será alcançado por um desenvolvimento de dentro para fora. Assim como uma cor revela sua verdadeira qualidade quando é colocada, por um excelente artista, em seu lugar pré-selecionado entre certas outras, como um tempero revela seu verdadeiro sabor quando é inserido exatamente onde e quando um bom cozinheiro o quer entre os outros ingredientes, como um cão realmente se torna um cachorrinho de estimação somente quando ele toma seu lugar na casa de uma pessoa, também nós seremos verdadeiras pessoas quando tivermos sido, nós mesmos, colocados em nossos lugares. Somos o mármore que aguarda ser esculpido, o metal esperando ser colocado num molde. Não há dúvida, já existem, mesmo em nosso eu não regenerado, pequenos indícios do tipo de molde que está designado a cada um, ou que espécie de coluna ele será. Mas é, creio eu, um grande exagero retratar a alma salva como sendo, normalmente, algo como o desenvolvimento de uma semente até a flor. As próprias palavras *arrependimento, regeneração, nova criatura*, sugerem algo muito diferente. Algumas tendências em cada pessoa natural podem ter de ser simplesmente rejeitadas. Nosso Senhor fala de olhos sendo arrancados e mãos sendo cortadas — um método de adaptação francamente procusteano.

A razão por que recuamos disso é que temos começado, em nossa própria época, a colocar o quadro de cabeça para baixo. A começar pela doutrina que diz que cada individualidade tem um "valor infinito", nós, então, projetamos Deus como uma espécie de balcão de empregos, cujo negócio é encontrar carreiras apropriadas para as almas, círculos quadrados para parafusos quadrados. Na verdade, porém, o valor do indivíduo não está nele mesmo. Ele é capaz de receber valor. Ele o recebe pela união com Cristo. Não existe nenhuma ideia de encontrar um lugar para ele no templo vivo que fará justiça a seu valor inerente e lhe dará espaço para sua idiossincrasia natural. O lugar já estava lá. A pessoa foi criada para ele. Ele não será ele mesmo até chegar lá. Somente no Céu nós seremos pessoas realmente divinas, verdadeiras e eternas, assim como, mesmo agora, nossos corpos só têm cor por causa da luz.

Dizer isso é repetir aquilo que todos aqui já admitem saber — que somos salvos pela graça, que em nossa carne não habita nada de bom, que somos, o tempo todo, criaturas e não criadores, seres derivados, vivendo não de nós mesmos, mas a partir de Cristo. Se parece que compliquei uma questão simples, espero que você me perdoe. Estou ansioso por apresentar dois pontos. Tenho desejado tentar dissipar aquela adoração do indivíduo humano simplesmente como tal, que é muito anticristã, e é tão desenfreada no pensamento moderno, lado a lado com o coletivismo, pois um erro origina o outro e, longe de neutralizar, cada um agrava o outro erro. Quero dizer com isso a noção perniciosa (é possível ver isso na crítica literária) que cada um de nós começa com um tesouro, a "personalidade", fechado dentro de si, e que o maior propósito da vida é expandi-lo e expressá-lo, mantendo-o longe de interferência, para ser "original". Isso é pelagianismo, ou pior, e criar as condições da própria destruição. Nenhuma pessoa que valoriza a originalidade jamais será original. No entanto, tente falar a verdade como você a vê, tente fazer cada parte de seu trabalho tão bem quanto possível, pelo trabalho em si, e aquilo que as pessoas denominam originalidade surgirá sem que seja buscado. Mesmo nesse nível, a submissão do indivíduo à função já estará em andamento para fazer com que a verdadeira personalidade venha à luz. E, em segundo lugar, eu queria mostrar que o cristianismo não está preocupado, no longo prazo, nem com indivíduos nem com comunidades. Não é o indivíduo nem a comunidade, como o pensamento popular entende, que irá herdar a vida eterna, nem o eu natural nem a massa coletiva, mas uma nova criatura.

CAPÍTULO 8

Sobre o
perdão

Dizemos muitas coisas na igreja (e fora da igreja também) sem pensar adequadamente. Por exemplo, declamamos o credo "Eu creio no perdão dos pecados". Recitei isso por muitos anos antes de me perguntar por que estava no credo. À primeira vista, parece não ser muito importante que esteja. "Se alguém é cristão", pensei, "claro que crê no perdão dos pecados. Nem é necessário dizer isso". Mas as pessoas que compilaram o credo pensaram, aparentemente, que isso era uma parte de nossa crença, que dela precisávamos nos lembrar, todas as vezes que íamos à igreja. Comecei então a ver, naquilo que me diz respeito, que eles estavam certos. Crer no perdão dos pecados não é tão fácil assim como eu pensava. Tal crença é o tipo de coisa que muito facilmente sai de cena, se não o mantivermos como algo a ser polido.

Cremos que Deus perdoa os nossos pecados, mas também que ele não o fará a não ser que nós perdoemos os pecados de outras pessoas contra nós. Não existe nenhuma dúvida sobre a segunda parte dessa declaração. É a oração do Senhor (o Pai Nosso); e foi enfaticamente afirmado por Nosso Senhor. Se você não perdoar não será perdoado. Nenhuma parte de seu ensino é mais clara e não há exceções. Não faz parte desta ordem que devemos perdoar os pecados de outras pessoas desde que não sejam muito assustadores, ou desde que não haja circunstâncias atenuantes ou algo desse tipo. A ordem é perdoar a todos, mesmo que sejam maldosos, que sejam perversos, não importa quão frequentes sejam os erros que cometem. Se não, não seremos perdoados de nenhum de nossos pecados.

Agora, parece-me que frequentemente cometemos um erro, tanto sobre o ato de Deus perdoar os pecados que cometemos, quanto sobre o perdão que dizem que devemos oferecer pelos pecados de outras pessoas. Pense primeiro sobre o perdão de Deus. Percebo que quando penso que estou pedindo que Deus me perdoe, estou, na realidade (a não ser que eu esteja me vigiando cuidadosamente), pedindo a ele que faça algo completamente diferente. Não estou pedindo que ele me perdoe, mas que ele aceite minha justificativa. Há, porém, toda a diferença do mundo entre perdoar e dar uma justificativa. O perdão diz: "Sim, você fez isso, mas eu aceito suas desculpas; eu nunca usarei isso contra você, e tudo entre nós dois será exatamente como era antes". Mas a justificativa diz: "Vejo que você não conseguiu evitar ou que não tinha a intenção; você não é o culpado". Se a pessoa não era culpada, então não há nada para ser perdoado. Nesse sentido, o perdão e a justificativa são quase opostos. É claro, em dúzias de casos, seja entre Deus e o ser humano, ou entre um ser humano e outro, pode haver uma mistura dos dois. Parte daquilo que, à primeira vista, pareciam ser os pecados acaba não sendo realmente falha de ninguém e a desculpa é oferecida; a parte que resta é perdoada. Se você tiver uma desculpa perfeita, não precisaria de perdão; se toda a sua ação precisa de perdão, então não havia desculpa para ela, mas o problema é que aquilo que chamamos de "pedir o perdão de Deus" consiste, muito frequentemente, em pedir que Deus aceite nossas desculpas. O que nos leva a cometer esse erro é o fato de que normalmente existe certa parcela de desculpa, algumas "circunstâncias atenuantes". Estamos tão ansiosos em apontar essas coisas a Deus (e a nós mesmos) que seremos capazes de esquecer a coisa realmente importante; isto é, aquilo que restou, a parte que as desculpas não podem cobrir, a parte que é indesculpável, mas, graças a Deus, não é imperdoável. Se esquecermos isso, poderemos sair imaginando que nos arrependemos e fomos perdoados, quando o que na realidade aconteceu é que satisfizemos a nós mesmos com nossas próprias desculpas. Podem ser desculpas muito ruins; ficamos muito facilmente satisfeitos conosco mesmos.

Existem dois remédios para esse perigo. Um deles é que Deus conhece todas as desculpas reais muito melhor do que nós. Se existirem realmente "circunstâncias atenuantes", não há o temor de que ele deixará de notá-las. Frequentemente, Deus conhece muitas desculpas nas quais nunca havíamos pensado e, assim, almas humildes terão depois da morte a agradável surpresa de descobrir que, em certas ocasiões, pecaram muito menos do que pensavam.

Ele terá todas as desculpas reais. Aquilo que nós temos de levar a ele é a parte indesculpável, o pecado. Estamos unicamente desperdiçando o nosso tempo ao falar sobre todas as partes que podem (pensamos) ser desculpadas. Quando vai ao médico, você mostra a ele a parte que está errada — por exemplo, um braço quebrado. Seria unicamente um desperdício de tempo ficar explicando para ele que suas pernas, olhos e garganta estão todos bem. Você poderá estar errado ao pensar desse jeito e, de qualquer forma, se de fato eles estiverem bem, o médico saberá.

O segundo remédio é real e verdadeiramente crer no perdão dos pecados. Grande parcela de nossa ansiedade ao buscar desculpas vem de não crermos realmente, de pensar que Deus não vai nos tomar de volta para ele, a não ser que fique provado para ele que algum tipo de caso pode ser apresentado a nosso favor, mas isso jamais seria perdão. O verdadeiro perdão significa olhar firmemente para o pecado, para o pecado que ficou sobrando sem nenhuma desculpa, depois que todas as concessões foram feitas, e vendo isso em toda sua repulsa, sujeira, maldade e malícia, ainda assim ser completamente reconciliado com a pessoa que o tiver praticado. Isso, e somente isso, é perdão, e podemos sempre ter da parte de Deus, se o pedirmos.

Quando chegamos à questão de perdoarmos outras pessoas, será algo parcialmente parecido e parcialmente diferente. É a mesma coisa porque, também neste caso, perdoar não significa desculpar. Muitas pessoas parecem pensar que sim. Pensam que, se você pedir que elas perdoem alguém que os tenha traído ou intimidado, você está tentando sugerir que não aconteceu realmente nenhuma traição ou intimidação. Contudo, se isso fosse assim, não haveria nada para perdoar, e elas continuam respondendo: "Mas eu digo que esse homem quebrou uma promessa muito solene". E é isso mesmo o que você precisa perdoar. (Isso não implica que você tenha de crer necessariamente em sua próxima promessa. Não significa que você deva fazer todos os esforços para mortificar cada gostinho de ressentimento em seu coração — cada desejo seu de humilhar, de machucar ou de se vingar dele.) A diferença entre essa situação e aquela em que você está pedindo pelo perdão de Deus é essa. Quando somos nós os ofensores, aceitamos desculpas muito facilmente; no caso de outras pessoas, não as aceitamos com a mesma facilidade. Quanto a meus próprios pecados, seria seguro apostar (ainda que não uma certeza) que as desculpas não são realmente tão boas quanto eu penso; no que diz respeito a outras pessoas, já que contra mim é uma aposta segura (ainda que não uma certeza), que as desculpas são melhores do que eu penso. É preciso começar, portanto, por dar atenção a tudo que possa mostrar que o outro homem não era tão culpável assim como pensávamos, mas mesmo que ele for absolutamente cheio de culpa, ainda temos de perdoá-lo; e mesmo se noventa e nove por cento de sua culpa aparente puder ser justificada com realmente boas desculpas, o problema do perdão começa com o um por cento de culpa que restou. Ser um cristão significa perdoar o indesculpável, porque Deus perdoou o indesculpável em você.

Isso é difícil. Talvez não seja difícil perdoar uma única e grande ofensa, mas como perdoar — e continuar perdoando, a sogra mandona, o marido intimidador, a esposa irritante, a filha egoísta, o filho enganador — as provocações incessantes da vida diária? A única possibilidade, em minha opinião, é lembrar a nossa posição, ao manter o significado das palavras que pronunciamos quando dizemos em nossas orações todas as noites: "Perdoa as nossas dívidas, assim como perdoamos aos nossos devedores". Não há outros termos em que Deus nos oferece o perdão. Recusá-lo seria o mesmo que recusar a misericórdia de Deus para nós mesmos. Não há nenhuma indicação de exceções e Deus mantém sua palavra.

CAPÍTULO 9

Ato
falho

Quando um leigo precisa pregar um sermão, penso que ele teria maior possibilidade de ser útil, ou até mesmo de ser interessante, se começar exatamente de onde ele mesmo está, nem tanto presumindo instruir quanto comparando anotações.

Há algum tempo, quando eu estava usando a oração prevista para o quarto domingo depois da Trindade[1] em minhas orações privativas, percebi que havia cometido um ato falho. Embora minha intenção fosse a de orar para ter força para passar pelas provações temporais e que eu, finalmente, não perdesse as dádivas eternas, achei que tivesse orado para que eu passasse pelas coisas eternas de modo que eu, finalmente, não perdesse as coisas

---

[1]"Ó Deus, protetor de todos que confiam em ti, sem o qual nada é forte, nada é santo. Aumenta e multiplica sobre nós a tua misericórdia; que, ao ser nosso governante e guia, possamos passar pelas coisas temporais de tal forma que finalmente não percamos as coisas eternas. Concede-nos isso, ó Pai Celestial, por causa de Jesus Cristo Nosso Senhor. *Amém*". [N. E. na edição original]

temporais. É claro que não considero todo ato falho pecado. Não estou certo de que sou mesmo um freudiano rigoroso o bastante para crer que todos os atos falhos, sem exceção, sejam profundamente significativos. Contudo, penso que alguns deles são e eu achei que este em particular de fato é. Pensei que aquilo que tinha dito de maneira inadvertida expressava muito de perto algo que eu tinha realmente desejado.

Apesar de extremamente perto, não precisamente, é claro. Nunca fui tão tolo para pensar que o eterno pudesse, rigorosamente, ser "atravessado". Aquilo que eu queria superar, sem prejuízo das coisas temporais, eram aqueles momentos nos quais eu dei atenção ao eterno, nos quais eu me expus a ele.

Queria dizer este tipo de coisa. Faço minhas orações, leio um livro devocional, preparo-me para, ou recebo, a Ceia do Senhor, mas, enquanto faço essas coisas, existe, por assim dizer, uma voz dentro de mim me exortando à cautela. Ela me diz para ser cuidadoso, para manter a cabeça no lugar, para não ir muito longe e não queimar meus barcos. Entro na presença de Deus com grande temor, para que nada aconteça a mim nesse momento que seja intolerável demais quando eu voltar à minha vida "normal". Não desejo me entusiasmar com alguma resolução que eu possa depois lamentar, pois sei que poderei me sentir muito diferente depois do café da manhã; não quero que nada me aconteça quando estiver diante do altar que venha a se tornar uma cobrança muito grande depois. Seria muito desagradável, por exemplo, levar o dever da caridade (enquanto estiver no altar) tão a sério que, depois do café, eu tivesse de rasgar uma resposta muito severa que tinha escrito para uma pessoa petulante, de quem recebi uma carta ontem, e que eu pretendia postar hoje no correio. Seria muito cansativo me comprometer com um programa de temperança que fosse cortar o cigarro que fumo depois do café da manhã (ou, na melhor das hipóteses, fazer a crueldade de oferecer a alternativa de um cigarro mais ao fim da manhã). Até mesmo o arrependimento por ações do passado terá de ser pago. Ao se arrepender, a pessoa reconhece seus atos como pecados — portanto, não devem ser repetidos. É melhor deixar esse assunto sem decisão.

O princípio-chave de todas essas precauções continua a ser: guardar-se das coisas temporais. Vejo alguma evidência de que essa tentação não acontece só comigo. Um bom autor (cujo nome eu esqueci) pergunta em algum lugar: "Será que nunca levantamos, apressadamente, de nossa posição de oração (ajoelhados) com medo de que a vontade de Deus pudesse se tornar tão clara se orássemos por mais tempo?" A história a seguir foi contada como verdadeira. Uma mulher irlandesa, que acabara de sair da confissão, encontrou nos degraus da capela a mulher que era sua maior inimiga na aldeia. A outra mulher deixou sair de sua boca uma torrente de abuso verbal. "Não é isso uma vergonha para você," respondeu Biddy, "conversar comigo dessa maneira, sua covarde, e eu num estado de graça, de maneira que não posso responder agora? Mas você não perde por esperar. Não estarei num estado de graça por muito mais tempo." Há um excelente exemplo tragicômico no livro de Trollope, *Last Chronicle*.[2] O arquidiácono estava irritado com seu filho mais velho e, tão logo pôde, fez uma série de acordos para prejudicá-lo. Poderiam ter sido feitos, facilmente, poucos dias depois, mas Trollope explica o motivo pelo qual o arquidiácono não esperou. Para chegar ao dia seguinte, ele teria de passar pelas orações da noite e ele sabia que não seria capaz de levar adiante seus planos hostis de modo seguro por causa da oração: "Perdoa as nossas dívidas, assim como perdoamos aos nossos devedores". Assim, ele entrou primeiro; decidiu apresentar a Deus um *fait accompli* [fato consumado e irreversível]. Esse é um caso extremo das precauções das quais falo aqui; o indivíduo não se arrisca a alcançar o eterno até ter primeiro se assegurado das coisas temporais.

Esta é minha interminável e recorrente tentação; descer até aquele mar (acredito que foi João da Cruz que chamou Deus de mar) e ali não mergulhar, nadar, nem boiar, mas somente pisar e respingar a água, com cuidado para não sair da parte mais rasa, segurando-me na corda salva-vidas, que me conecta às minhas coisas temporais.

Isso é diferente das tentações que encontramos no início da vida cristã. Naquele tempo, lutávamos (ao menos eu lutava) contra admitir as reivindicações de tudo que é eterno e, depois que lutávamos, que apanhávamos e nos

---

[2] O romance *The Last Chronicle of Barset* [A última crônica de Barset] do escritor inglês Anthony Trollope, publicado em 1867, é o último de uma série de seis romances: *Chronicles of Barsetshire* [Crônicas de Barsetshire]. [N. E.]

rendíamos, supúnhamos que tudo seria um mar tranquilo para navegar. Essa tentação vem mais tarde, endereçada àqueles que já admitiram a reivindicação pelo menos em princípio e estão até fazendo um esforço para cumpri-la. Nossa tentação é a de olhar intensamente para o mínimo que seria aceito. De fato, somos muito parecidos com os pagadores de impostos honestos, mas relutantes. Aprovamos nosso pagamento de imposto em princípio e o fazemos corretamente, mas receamos um aumento nos impostos. Somos muito cuidadosos para não pagar mais do que é necessário e esperamos — muito ardentemente — que depois de pagar o imposto, haverá o suficiente para continuar vivendo a vida.

Observe que essas cautelas que o tentador cochicha em nossos ouvidos são todas plausíveis. De fato, não creio que ele tente frequentemente nos enganar (depois do início da juventude) com uma mentira direta. A plausibilidade é esta. É realmente possível ser levado pela emoção religiosa — *entusiasmo*, como nossos antepassados diziam — em resoluções e atitudes, que não são pecaminosas, mas racionais, não quando somos mais mundanos, mas quando somos mais sábios, de forma que venhamos a nos arrepender mais tarde. Podemos nos tornar conscienciosos ou fanáticos; podemos, naquilo que parece ser zelo, mas é realmente presunção, assumir tarefas que nunca foram a nós destinadas. Essa é a verdade na tentação. A mentira consiste em supor que a nossa melhor proteção seria um cuidado prudente com o nosso bolso, nossas extravagâncias habituais e nossas ambições, mas isso é totalmente falso. Nossa real proteção deve ser buscada em outro lugar; na vida cristã comum, na teologia moral, no pensamento racional estável, no conselho de bons amigos e de bons livros e, se necessário, num líder espiritual capacitado. Aulas de natação são melhores do que uma corda salva-vidas até a praia.

Fica claro que essa corda salva-vidas é na realidade uma corda mortal. Não existe paralelo para pagar os impostos e viver do restante, pois não um tanto de nosso tempo e de nossa atenção que Deus exige; não é nem todo nosso tempo nem toda nossa atenção, mas a nós mesmos. Para cada um de nós, as palavras de João Batista são verdadeiras: "É necessário que ele cresça e que eu diminua". Ele será infinitamente misericordioso com nossos fracassos repetidos; eu não sei de nenhuma promessa de que ele aceitará uma acomodação deliberada. Em última análise, ele não tem nada a nos dar a não ser a si mesmo, o que ele só poderá fazer quando a nossa vontade autoafirmativa se retirar e deixar lugar para ele em nossas almas. Preparemos nossas mentes para isso; não haverá nada "de nós mesmos" que restará para viver, nem uma vida "normal". Não quero dizer que cada um de nós será necessariamente chamado para ser um mártir ou mesmo um ascético. Disso nada saberia dizer. Para alguns (ninguém sabe quem) a vida cristã incluirá muito tempo livre, muitas ocupações que naturalmente apreciamos, mas isso será recebido das mãos de Deus. Tendo um cristão perfeito em perspectiva, essas coisas farão parte de sua "religião", de seu "serviço" e de suas responsabilidades mais difíceis; suas festas serão tão cristãs quanto seus jejuns. O que não pode ser admitido — que deve existir somente como um inimigo não derrotado, mas resistido diariamente — é a ideia de existir alguma coisa que seja "nossa", alguma área em que nós devamos "abandonar a escola", em que Deus não tem o que reivindicar.

Ele reivindica tudo, porque ele é amor e deve abençoar. Ele não poderá nos abençoar a não ser que ele nos tenha. Quando tentamos demarcar dentro de nós uma área que é nossa, acabamos por manter uma área de morte. Portanto, em amor, ele exige tudo. Não existe negociação com ele.

É esse, como entendo, o sentido de todas aquelas máximas que mais me deixam alarmado. Thomas More disse: "Se você fizer um contrato com Deus, sobre o quanto você o servirá, verá que você mesmo assinou ambas as cópias do contrato". Law[3] alertou, de modo frio e assustador: "Muitos serão rejeitados no último dia, não por não terem dado tempo e esforço pela sua salvação, mas por não terem dado tempo e esforço suficientes"; e mais adiante, em seu período behmenista,[4] mais profundo: "Se você não escolheu o Reino de Deus, no fim, não fará nenhuma diferença o que você escolheu em seu lugar". Essas são palavras duras

---

[3]William Law (1686-1761), místico e teólogo inglês que influenciou profundamente os irmãos Wesley, George Whitefield, Dr. Samuel Johnson entre outros. [N. E.]

[4]O termo é relativo ao pensamento de Jacob Boehme (1575-1624), místico luterano e teosofista alemão, e seus adeptos, que acabaram influenciando um movimento cristão na Europa do século XVII batizado de behmenismo. [N. E.]

de acolher. Será que realmente não fará nenhuma diferença se foram mulheres ou patriotismo, cocaína ou arte, uísque ou um lugar no gabinete de ministros, dinheiro ou ciência? Bem, certamente nenhuma diferença de importância. Perderemos o fim para o qual fomos formados e teremos rejeitado a única coisa que nos pode satisfazer. Fará alguma diferença, para um homem que está morrendo no deserto, qual fora a rota escolhida por causa da qual ele perdeu o acesso ao único poço?

É impressionante como nesse assunto o Céu e o Inferno falam em uníssono. O tentador me diz: "Tome cuidado. Pense em quanto essa decisão e a aceitação dessa graça vão custar a você". Contudo, Nosso Senhor também nos diz para calcularmos o custo. Mesmo nas questões humanas, grande importância é atribuída à concordância daqueles cujos testemunhos dificilmente concordam. Aqui mais ainda. Entre eles parece ser claro que ficar remando sem sair do lugar é de pouca importância. Aquilo que importa, o que o Céu deseja e o Inferno teme, é precisamente aquele passo a mais, para fora de nós mesmos, de nosso controle.

Ainda assim, não estou em desespero. Neste ponto, torno-me aquilo que alguns iriam chamar de "evangelical"; de qualquer modo um não-pelagiano. Não creio que qualquer esforço da minha vontade possa acabar de uma vez por todas com o desejo por obrigações limitadas, essa ressalva fatal. Somente Deus pode, e tenho fé e esperança de que ele o fará. É claro que não quero dizer com isso que posso, portanto, como se costuma dizer, "sentar confortavelmente". Aquilo que Deus faz por nós, ele faz em nós. O processo de fazê-lo me parece (e não falsamente) ser como os exercícios repetidos, todos os dias ou todas as horas, por minha própria vontade, em renunciar a essa atitude, especialmente cada manhã, pois cresce sobre mim como se fosse uma nova cobertura cada noite. Fracassos serão perdoados; é a concordância que é fatal, a presença permitida, regularizada, de uma área em nós mesmos que ainda exigimos para nós. Deste lado da morte, talvez nunca consigamos expulsar o invasor para fora de nosso território, mas devemos estar com a *Resistance*,[5] não com o governo Vichy,[6] e isso, até onde posso ver, deve ser reiniciado a cada manhã. Nossa oração matinal deveria ser aquela da *Imitação*: *Da hodie perfecte incipere*: "Conceda-me hoje ter um começo sem falhas, pois ainda não fiz nada".

[5]Resistência francesa na Segunda Guerra Mundial. [N. T.]
[6]Parte da França que fez acordos com os nazistas e estabeleceu um governo provisório. [N. T.]

O peso da *glória*

Outros livros de C. S. Lewis pela
THOMAS NELSON BRASIL

A abolição do homem
Cartas de um diabo a seu aprendiz
Cristianismo puro e simples
Os quatro amores